DIE JOURNALISTEN.

FREYTAG

DIE JOURNALISTEN.

EDITED BY

H. W EVE, M.A.

CAMBRIDGE
AT THE UNIVERSITY PRESS
1932

CAMBRIDGE UNIVERSITY PRESS
Cambridge, New York, Melbourne, Madrid, Cape Town,
Singapore, São Paulo, Delhi, Mexico City

Cambridge University Press
The Edinburgh Building, Cambridge CB2 8RU, UK

Published in the United States of America by Cambridge University Press, New York

www.cambridge.org
Information on this title: www.cambridge.org/9781107619944

First edition 1900
First published 1900
Reprinted 1907, 1932
First paperback edition 2013

A catalogue record for this publication is available from the British Library

ISBN 978-1-107-61994-4 Paperback

PREFACE.

FREYTAG's play *Die Journalisten*, though written nearly 50 years ago, is still popular. For school reading it is singularly well adapted; the dramatic construction is perfect, the characters well drawn, and the dialogue bright. There is, moreover, not a trace, either in the subject-matter or in the allusions, of that vulgar tendency to harp incessantly on questionable topics which is the bane of the modern drama, and that not in France alone. In the notes I have endeavoured to explain words and constructions that a learner would not easily find for himself in an ordinary dictionary or hunt up in his grammar without help; general grammatical rules and etymology I have introduced only occasionally. I desire to convey my best thanks to my friends Mr J. W. Cartmell and Mr F. de Baudiss for very useful suggestions and for valuable help in revising the proofs, and to the readers of the University Press for their most careful reading.

H. W. EVE.

November, 1900.

CONTENTS.

	PAGE
INTRODUCTION. LIFE OF FREYTAG—ESTIMATE OF DIE JOURNALISTEN.	
Birth and Education	vii
Professorial Life at Breslau	viii
Germany in 1848	ix
Freytag as Journalist	x
Literary activity from 1848 to 1869	xi
Politics from 1860 to 1870	xiv
Literary work 1870—1895	xv
Die Journalisten.—The Plot	xvi
The Characters	xvii
TEXT	1—128
NOTES	129—180
INDEX TO THE NOTES	181

INTRODUCTION.

LIFE OF FREYTAG—ESTIMATE OF *DIE JOURNALISTEN.*

Birth and Education.

GUSTAV FREYTAG was born in 1816 at Kreuzburg in Silesia, a small town east of Breslau, and close to the Polish frontier. His father was a medical man, and for a long time Burgomaster of the town. His school-days were passed at the Gymnasium of Oels, another Silesian town in the neighbourhood. There he lived in the house of his uncle, a lawyer, who was a considerable scholar and well-read in modern literature, but singularly uncommunicative. The boy was therefore thrown very much on his own resources, he read a good deal, and grew enthusiastic over Scott and Fenimore Cooper. Eventually he reached the head of the school, and remained there, apparently doing excellent work, for more than two years.

In 1835 he entered the University of Breslau. His studies at that time had no definite aim, but he began to take considerable interest in what eventually became his chief pursuit, the study, under Hoffmann von Fallersleben, of German antiquities and of early German literature, a branch of learning then in its infancy. The next year he migrated to Berlin, where he came under the influence of Karl Lachmann, best known to English scholars by his revolutionary Homeric criticism and by his epoch-making edition of Lucretius, but no less distinguished by his profound knowledge of medieval German literature. At the same time he made many friends and cultivated his taste for the theatre. The title of his dissertation for the Doctor's degree *De initiis scenicae poeseos apud Germanos* gives a forecast of two of the chief lines of his many-sided activity.

Professorial Life at Breslau.

Within a year of his Doctor's degree, Freytag returned to Breslau as a lecturer (Privatdocent) on German language and literature. There he remained for eight years (1839—1847). The professorial staff of the University were, for the most part, dull and old-fashioned, both in their ideas and in their habits, and he had few intimate friends among them except his old tutor Hoffmann, who was not only a scholar, but a poet and an advanced Liberal. But his time was very pleasantly spent. His lectures included not only the more learned parts of his subject, but expositions of poems of Goethe and Schiller; he published a volume of poems, and wrote his first play, *die Brautfahrt oder Kunz von der Rosen*, which gained a prize at Berlin but was not very successful on the stage. His literary successes and his personal qualities made him very popular in general society. Among his intimate friends were the Countess Dyhyrn, whom he afterwards married, and the head of the great commercial house of Molinari, whose business plays so important a part in his novel *Soll und Haben*. Nor was he without an opportunity of gaining an insight into the life and needs of his humbler countrymen; he took a keen interest in the measures adopted for the relief of the distressed weavers thrown out of work by the introduction of machinery. His connexion with Breslau and professorial work were, however, not destined to be permanent. The comparative failure of his first play led him to the closer study of the conditions of dramatic success. He mixed much in such theatrical society as Breslau afforded, studied the French drama, and spent the winter of 1846 at Leipzig, where, by constant intercourse with actors and managers, he gained a complete insight into the grammar of play-writing. To his last years at Breslau belong the first act of *der Gelehrte*, an unfinished drama in verse, and *die Valentine*, long considered one of the best specimens of German high comedy, which went the round of the German and some foreign theatres, and was even translated into Norwegian and acted under Ibsen's management. The play turns on the rescue of an aristocratic lady from a life of frivolity by the influence of a masterful *bourgeois* suitor, and thus embodies the idea, destined so often to reappear in the author's works, of a closer approximation of the nobility and the middle classes. It is full of action, and shows the beneficial effect of his study of the French stage, but it belongs to a comparatively immature type which both he and the cultivated public eventually outgrew. George Saalfeld, the hero, has become a household word.

In 1847 Freytag resigned his lectureship, married the Countess Dyhyrn, and settled in Dresden. Here he wrote *Graf Waldemar*, the story of a *blasé* and dissipated, but really noble-minded aristocrat, who is saved from unworthy tastes and associations by his love for a peasant maiden. His life for the next few years is closely mixed up with German politics, about which it may be well to say a few words.

Germany in 1848.

The year 1848 was a year of revolution throughout Europe, and Germany was no exception to the rule. Indeed everything was ripe for a crisis. The settlement of 1815, made at the Congress of Vienna, had consolidated the various independent states of Germany into the *Bund* or confederation, with a Diet meeting at the free town of Frankfort. It had practically done nothing to secure constitutional government. The real head of the confederation was Austria. This arrangement, which gave the hegemony of Germany to a Catholic and reactionary power, encumbered with vast territories that were not German at all, was acceptable enough to the sovereigns, but proved more and more distasteful to the people, and especially to the educated classes. It was indeed a lame and impotent conclusion to the splendid outburst of patriotism that had shaken off the yoke of Napoleon. In Prussia especially there was much discontent.

Frederick William III, the hero of the national uprising, had died in 1840; his successor Frederick William IV was becoming more and more unpopular. Immediately after the French Revolution of February, which displaced Louis Philippe, riots broke out in Berlin, Vienna and other German capitals. The general upheaval gave an opportunity to the more liberal-minded statesmen of Germany. An assembly, known as the Frankfort Parliament, was convened, which after long deliberations decided to offer the Imperial crown of Germany, excluding Austria, to the king of Prussia. Frederick William refused the offer, and things returned to the *status quo*. It was only after the Franco-German war that the same offer was made to his brother and successor under very different conditions and was accepted. Meanwhile something was gained, as constitutions of a somewhat more liberal character were granted in various states. The Prussian constitution of 1850 included the system of indirect election, which plays an important part in *die Journalisten.*

Freytag as Journalist.

The events of 1848 called Freytag from his literary pursuits to politics. As a resident in Dresden he had comparatively little scope for political activity; he refused an offer from a Bohemian constituency to become their representative in the Frankfort Parliament, and confined himself at first to the management of a workmen's club in the town. He soon found further employment in a direction for which he was admirably qualified. A Liberal newspaper, *die Grenzboten*, was for sale; he joined his friend Julian Schmidt in purchasing it, with the firm resolution to make it an organ of sound and temperate Liberalism. It steadily advocated a united Germany under the leadership of Prussia, and constitutional government based on the due participation of the middle classes. No extreme views were advocated, but compromise between conflicting interests and a good understanding between the government and the governed were the watchwords of the journal. Freytag, who removed to Leipzig on assuming the direction of the paper, remained one of the acting editors till 1861 and continued in close connection with it till 1870. When the intense political strain of 1848 and the following years was somewhat relaxed, the literary side of the paper assumed more importance. A higher style of criticism and occasional articles of considerable merit raised it to a high position in the literary as well as in the political world; some of Freytag's own *Bilder aus der deutschen Vergangenheit* appeared in it as feuilletons. It can claim, too, the distinction of having been one of the first journals to recognize the merits of Richard Wagner, and to advocate the excavations at Olympia. In literature it strongly opposed the romantic school, whose love of medievalism was closely associated with reactionary principles. On the other hand it showed warm appreciation of the English novelists, especially of Dickens, as well as of Fritz Reuter, and later of Turgenieff. In a word the journal was during some of the darkest years of modern German history the champion of constitutional progress in politics and of sane development in literature.

Literary activity from 1848 *to* 1869.

Freytag had not been long engaged in journalism when his health required him to spend part of the year in the country. He bought for his summer quarters an old-fashioned house, once a favourite resort of Karl August and Goethe, at Siebleben, near Gotha. His residence there brought him into pleasant contact with the reigning duke, Ernst II of Saxe Coburg and Gotha, elder brother of the Prince Consort and the most liberal German sovereign of his epoch. The advent of quieter times left him leisure for general literary work, but even as early as 1852 he wrote *die Journalisten*, which was represented for the first time at Breslau, and subsequently at many other theatres. It is by far the best of his comedies. He was still young enough to enjoy all the humours of journalism, and his close association with the grave problems of three eventful years had left him less anxious to seek sensational incidents. But he never returned to comedy. In his *Erinnerungen* he gives us the reason. "I had become," he says, "a different man; it was not possible for me to bring what I wanted to say within the compass of a single evening's entertainment, or express it adequately by terse dialogue and the transient effects of the stage. I had been too intimately mixed up in the great drama of history, I had realized too completely what the great tide of human life meant, to acquiesce any longer in such limitations." His great object was to idealize for his countrymen the steady, sober industry of the middle classes, to which his statesmanlike intellect looked for the regeneration of Germany. For that purpose the novel, in which it is possible to trace the slow growth of character, seemed to him a better vehicle than the drama, which deals, so to speak, with character ready made. *Soll und Haben*, his first novel, appeared in 1855. It tells the history of three families, representing respectively aristocratic *laisser-faire* and inefficiency, well-regulated commercial enterprise and industry, and unscrupulous greed of gain. The *mise en scène* and many of the characters are due to reminiscences of Breslau and the Polish frontier. The motto, taken from the writings of his colleague Julian Schmidt, "Der Roman soll das deutsche Volk da suchen, wo es in seiner Tüchtigkeit zu finden ist, nämlich bei seiner Arbeit," gives the keynote of the story. Moreover he was keenly alive to the practical, self-controlled character of all good work, and just as Goethe insisted on "entbehren sollst du, sollst entbehren," so Freytag tells us in his *Erinnerungen* that the moral he intended to be drawn was that we must not allow the ideas and the wishes called up by our imagination to dominate our lives too completely. He next proceeded to collect and work up the sketches of old German life which had appeared in *die Grenzboten* into two volumes, entitled *Bilder aus der deutschen Vergangenheit*, published in 1859. The book, which was the natural outcome of his early studies, is arranged in a most interesting way. It is not a systematic treatise on what is called in German Kulturgeschichte, written in 'Dryasdust' fashion. Far from confining himself to the ordinary materials of history, he ransacked, as Macaulay did in writing his history of England, forgotten pamphlets, diaries and the like, many of them existing only in manuscript, and by means of judicious extracts, strung together by a thread of lucid narrative, he made all sorts and conditions of men tell their own story. Details of dress, manners and customs, and so on are judiciously brought in, and we have thus life-like pictures of all classes of society from the earliest times, from kings and nobles down to petty burghers and wandering students of theology. The first two volumes carried the history to the close of the Reformation period; three other volumes which appeared later continued it to modern times. In 1859 Freytag also published a tragedy in verse, *die Fabier*, taken from Roman history, and dealing with the events leading to the annihilation of the great house at the Cremera. Here, as in so many of his works, the love of a plebeian for a patrician lady plays an important part. The drama was partly inspired by his friendship for Mommsen, and his study of his works, partly by a patriotic desire to raise the general standard of play-writing and play-acting. It gained little more than a *succès d'estime*, and the author, always quick to recognize and account for his own shortcomings, set to work to think out more elaborately the conditions of dramatic success. The result was the treatise entitled *die Technik des Dramas* (1863), which is recognized as a standard work on the subject. No one was better qualified to write such a treatise; not only had he his own studies and experience to draw upon, but he had, ever since the publication of *Graf Waldemar* in *die Grenzboten*, been constantly appealed to by young authors for a judgment on their plays, appeals to which he responded with his usual good nature and conscientiousness. One more novel of modern life, *die verlorene Handschrift*, appeared in 1864. In it his reminiscences of professorial and court life are happily combined with the half comic experiences of a middle-class Romeo and Juliet. But before these last works a great crisis had occurred in German history, and it will be necessary to retrace our steps a little.

Politics from 1860 *to* 1870.

The last years of Frederick William IV were a period of depression in Germany; the hopes of 1848 had been bitterly disappointed and the party of German unity and constitutional progress was nearly broken up. The Italian war of 1859 revived the spirits of those who still clung to those hopes, and the National Union (Nationalverein), a society of Liberals of all shades from all parts of Germany, was formed under the leadership of Rudolf von Bennigsen. Its headquarters were at Coburg, in the dominions of Duke Ernst. Freytag took from the first a keen interest in its proceedings. Not only did he see in it a powerful machinery for realizing the aspirations of the Frankfort Parliament, but he felt that it was an excellent school of temperate statesmanship for the more ardent spirits of the party. In 1861 William I, who had for some time been regent, succeeded his brother, and in 1862 Bismarck became his prime minister. The Danish war of 1864, in which Austria and Prussia acted together, proved to be the first step towards the revival of Germany so long waited for, but no advance was as yet made towards constitutional government. The military activity of the early sixties led Freytag, who had served for a short time as a reservist in his youth, to take up energetically the study of military science both in books and in the society of cultivated officers, a study which he afterwards had an opportunity of utilizing. Events now moved rapidly. The 'Seven Weeks' War' of 1866 and the consequent exclusion of Austria from German politics opened the way for the formation of the North German Confederation. A diet or parliament was convoked to settle its constitution, and Freytag was elected for Erfurt in the National Liberal interest. Parliamentary life was not to his taste, and he retired at the end of the first session. His last appearance in public life was in the great war of 1870, when he was invited by the Crown Prince, afterwards the Emperor Frederick, to accompany his headquarters as war correspondent. Many letters from him appeared in *die Grenzboten* and in a new journal called *Im neuen Reich.* One of these excited for a time much feeling against him. He had noticed a tendency to pillage on the part of some of the troops, in spite of strict prohibitions on the part of the authorities. He concluded one of his letters with an earnest appeal to officers and men to return from the war with clean hands and with unsullied consciences. When the siege of Paris was about to begin, he begged to be released from his duties, and returned to his quiet home at Siebleben.

Literary work 1870—1895.

Just before joining the Crown Prince's staff he published a life of his friend Karl Mathy, a champion of Liberal principles in Baden from 1830 onwards, a member of the Frankfort Parliament, and finally a minister of state in his native Grand Duchy, who died two or three years before his hopes for German unity were fully realized. In the same year 1870 Freytag's long connection with *die Grenzboten* came to an end. The religious prejudices of the chief proprietor led to the breach. A new journal *Im neuen Reich* was founded by Hirzel, Freytag's publisher, to which he and other members of the staff of *die Grenzboten* contributed. It was in this journal that his later letters from headquarters appeared. But the great work of his later years was *die Ahnen*, a series of eight short novels illustrating German life and history. The idea occurred to him as he watched the advance of the German armies into France. His thoughts, he tells us, travelled back to the days when the Franks and Alemanni crossed the Rhine on their rafts and wooden shields, and led him to work out in a new form his favourite theme, the persistence of German character and the continuity of German history. Thus grew up a series of stories in which the exhibition of the life of bygone days goes hand in hand with illustrations of the doctrine of heredity, and that in a very different spirit to Horace's

Aetas parentum, pejor avis, tulit
Nos nequiores, mox daturos
Progeniem vitiosiorem.

The leading characters of each story are the lineal descendants of one or other of the personages in the preceding ones, and thus the stories form, as it were, extracts from the history of two or three families from the Vandal king Ingo at his Thuringian castle in the 4th century down to the journalist König in the 19th. The last volume of *die Ahnen* appeared in 1880. In 1887 Freytag was persuaded to put down his reminiscences in a volume entitled *Erinnerungen aus meinem Leben*, which throws much light on the filiation of his literary works. During his last years he lived a very retired life. Above all, as one of his biographers says, "er liess sich von keinem Eckermännchen oder Eckerweibchen katechisieren," thus offering a striking contrast to Goethe. He died in 1895.

Die Journalisten.—The Plot.

The play, as mentioned above, was written at a time when Freytag's own energies were completely absorbed in politics and journalism. He had fully realized what a power the press had become in modern society, and he was still in the thick of a party conflict with a full conviction that the right was on his side. But no ordinary party journalist could have written it, nor perhaps could Freytag have written it himself, when the charm of comparative novelty and the 'delight of battle' had somewhat abated. It needed too his intimate knowledge of all classes of society, his unfailing sense of humour, and what goes with it, his power of appreciating the point of view of an honest opponent, to give a living interest to the play. The plot is simple. Professor Oldendorf, coeditor of the *Union*, a Liberal journal, and a candidate for the representation of the town in which he lives, is in love with Ida, the daughter of a retired Colonel of opposite politics, who, in spite of his personal liking for the Professor, is annoyed by the tone of his journal, and still more by his aspirations to parliamentary honours. At the same time Oldendorf's colleague, Konrad Bolz, the moving spirit of the drama, cherishes a boyish passion for his old playfellow, Adelheid Runeck, the heiress of the squire of the village where he had been brought up, but which he had been forced to quit early in life through the influence of her father, who was determined to separate them. A rival aspirant to the hand of Adelheid, named Senden, a landowner whose property adjoins hers, and proprietor of the Conservative newspaper the *Coriolanus*, contrives, partly from political and partly from personal motives, to induce the Colonel to write for his journal, and eventually to come forward as Oldendorf's opponent in the election. Not content with this, he and his editor Blumenberg, who is the brains of the combination, are engaged in a darker intrigue to buy up the *Union*. The contest is decided in Oldendorf's favour, thanks to the electioneering skill of Bolz, who captures the most influential of the doubtful voters under the very eyes of his opponents, but it leaves the Professor's chance of winning Ida's hand almost desperate. Adelheid now comes in as the *deus ex machina*; she defeats the purchase scheme, convinces the Colonel of the bad faith of his political allies, and gives Bolz the opportunity he has long desired, but failed to make for himself, of completing his happiness and her own.

The Characters.

Oldendorf, the nominal hero of the play, is a scholar and a gentleman, a man of sound judgment and high principle, with just a dash of the unpractical character of the professor turned politician which was conspicuous in the Germany of that time, and which came out in a marked way in the Frankfort Parliament. His part in the working out of the drama, though he bears himself with dignity and good sense in all his difficulties, is like that of Waverley in Sir Walter Scott's novel, passive rather than active. Still more so is this the case with Ida, who leans entirely on her friend Adelheid.

Bolz is one of the best-drawn and most popular characters on the German stage. Like several of Freytag's heroes, he is a man of infinite resource, who 'has a way with him,' and is capable of carrying his point in face of any opposition. He has, however, an advantage over others of his type, such as George

Saalfeld, inasmuch as he is fighting for a cause and not for his own hand. With this resourcefulness on behalf of his cause is associated a certain timidity and helplessness when his own interests are involved, so that he appeals to our sympathy more than masterful heroes generally do. He would gladly ask Adelheid to be his wife, but cannot summon up courage to do so till it is absolutely forced upon him. He is a most loyal friend, genial and hearty with his subordinates. In company he seems to have an inexhaustible fund of good spirits, and to be always talking at least half in jest; it is only by scattered hints that we gather how much deep feeling underlies his light treatment of every subject. His habit of laughing at himself from time to time (*Selbstironie*) should also be noticed.

Adelheid Runeck has an even lighter touch than her lover; she has the same power of managing and carrying her point; her delicate irony makes her a match for Oldendorf and the Colonel, and even for Bolz. Her wit too, like Bolz's, does not always spare herself. In quickness of decision and resourcefulness she is not unworthy to be classed with Shakespeare's Portia.

The Colonel is an excellent specimen of an amiable type of retired officer; he is devotedly attached to the existing order of things, a leader in all good works in the town where he lives, and quite without what is vulgarly called 'side,' but withal somewhat irascible, and at the same time easily imposed upon. His sense of honour is most delicate, and he endears himself to us by his readiness to question the justice of hasty steps prompted by his impulsive nature, a readiness which, in the hands of his good genius Adelheid, eventually leads to a happy solution of the difficulties of the situation. He is emphatically a man 'whose heart is in the right place.'

Of the minor personages, Schmock, the penny-a-liner of the *Coriolanus*, is the most telling on the stage. His sensibility to kindness and his desire to leave the lower ranks of journalism for a quiet and respectable business relieve the comic side of his character, and set him in a favourable light as compared with the vulgar intriguers with whom he is associated. Senden is a *Junker* who neglects his estates to dabble in politics. He is neither stupid nor ill-bred, but he is easily led by the subtle Blumenberg, and his good manners are not backed up by the loftiness of purpose that characterizes Oldendorf, or the depth of conviction that commands our respect in the Colonel. Blumenberg is the villain of the piece; he is simply an unprincipled intriguer, whose cringing attitude towards his betters is accompanied by harshness to his subordinates, a harshness which eventually leads to the defeat of his schemes. The Piepenbrink family and their friends contribute much of the comic element of the play; they are a typical group of 'Philistines,' good-humouredly drawn, with kind hearts, limited views, and a good deal of surly independence, but easily led by any one who knows how to handle them judiciously. Lastly Korb, Adelheid's steward and Bolz's old friend, possesses both loyalty and humour. Both his conversation and his asides contribute, like the utterances of the Chorus in a Greek play, to form our conception of the principal characters.

Die Journalisten.

Lustspiel in vier Akten.

(1853.)

Personen.

Oberst **a. D. Berg.**
Ida, seine Tochter.
Adelheid Runeck.
Senden, Gutsbesitzer.

Professor **Oldendorf**, Redacteur
Konrad Bolz, Redacteur
Bellmaus, Mitarbeiter
Kämpe, Mitarbeiter
Körner, Mitarbeiter
Buchdrucker **Henning**, Eigentümer
Müller, Faktotum
} der Zeitung „Union."

Blumenberg, Redacteur
Schmock, Mitarbeiter
} der Zeitung „Coriolan."

Piepenbrink, Weinhändler und Wahlmann.
Lotte, seine Frau.
Bertha, ihre Tochter.
Kleinmichel, Bürger und Wahlmann.
Fritz, sein Sohn.
Justizrat **Schwarz.**
Eine fremde Tänzerin.
Korb, Schreiber vom Gute Adelheids.
Karl, Bedienter des Obersten.
Ein Kellner.
Ressourcengäste. Deputationen der Bürgerschaft.

Ort der Handlung: die Hauptstadt einer Provinz.

Erste Scene.

Gartensaal im Hause des Obersten. Reiche Dekoration. In der Mitte der Hinterwand eine offene Thür, dahinter eine Veranda und der Garten, an den Seiten der Hinterwand große Fenster. Rechts und links Thüren, rechts ganz im Vordergrunde ein Fenster. — Tische, Stühle, ein kleines Sofa.

Ida sitzt im Vordergrunde rechts, in einem Buche lesend; **Oberst** tritt zur Mittelthür herein, in der Hand eine offene Schachtel, in welcher Georginen liegen.

Oberst. Hier, Ida, sind die neuen Sorten der Georginen, welche unser Gärtner gezogen hat, du sollst Namen für sie erfinden, denke darüber nach. Übermorgen ist Sitzung des Vereins für Gartenbau, da will ich unsere neuen Sorten vorzeigen und die Namen angeben.

Ida. Hier die helle soll „Adelheid" heißen.

Oberst. „Adelheid Runeck," das versteht sich! — Dein eigner Name ist nicht zu brauchen, denn du bist als kleine Georgine schon lange im Blumenhandel.

Ida. Eine soll heißen wie Ihr Lieblingsdichter „Boz."

Oberst. Vortrefflich, und das muß eine recht prächtige sein, hier die gelbe mit violetten Spitzen. — Und die dritte, wie taufen wir die?

Ida (bittend ihre Hand dem Vater hinhaltend). „Eduard Oldendorf."

Oberst. Was? der Professor? der Redacteur? Nein, das ist nichts! — Es war schon arg genug, daß er die Zeitung übernahm; daß er sich aber jetzt von seiner Partei hat verleiten lassen, als Wahlkandidat für die Kammern aufzutreten, das kann ich ihm gar nicht verzeihen.

Ida. Da kommt er selbst!

Oberst (für sich). Sonst war mir's eine Freude, seinen Fußtritt zu hören; jetzt muß ich an mich halten, daß ich nicht unhöflich werde, so oft ich ihn sehe.

Oldendorf.

Oldendorf. Guten Morgen, Herr Oberst!

Ida (ihm freundlich entgegen). Guten Morgen, Oldendorf. — Helfen Sie mir die neuen Georginen bewundern, die der Vater gezogen hat.

Oberst. Bemühe doch den Professor nicht, solcher Tand ist nichts mehr für ihn, er hat Größeres im Kopfe.

Oldendorf. Jedenfalls bin ich nicht unfähig geworden, mich über das zu freuen, was Ihnen Freude macht.

Oberst (brummend, für sich). Das haben Sie mir nicht gerade bewiesen, ich fürchte, Sie finden ein Vergnügen darin, zu thun, was mich ärgert. — Sie haben wohl jetzt viel zu thun mit Ihrer Wahl, Herr Abgeordneter in Hoffnung?

Oldendorf. Sie wissen, Herr Oberst, daß ich selbst am wenigsten dabei zu thun habe.

Oberst. Ich denke doch. Es ist ja sonst Brauch bei solchen Wahlen, daß man einflußreichen Personen den Hof macht und den Wählern die Hand drückt, Reden hält, Versprechungen um sich streut und wie die Teufeleien alle heißen.

Oldendorf. Sie glauben selbst nicht, Herr Oberst, daß ich etwas Unwürdiges thun werde.

Oberst. Nicht? — Ich bin nicht sicher, Oldendorf. Seit Sie Journalist geworden sind, Ihre Union redigieren und dem Staat alle Tage vorhalten, wie mangelhaft er eingerichtet ist, seit der Zeit sind Sie nicht mehr der Alte.

Oldendorf (der sich bis dahin mit Ida die Blumen betrachtet hat, sich zum Oberst wendend). Steht das, was ich jetzt sage oder schreibe, in Widerspruch mit meinen früheren Ansichten? Sie werden mir das schwerlich nachweisen können. Und noch weniger werden Sie in meinem Gefühl und Benehmen Ihnen gegenüber eine Änderung bemerkt haben.

Oberst (verstockt). Nun, das wäre ja recht schön. — Ich will mir den Morgen nicht durch Streit verderben, Ida mag zusehen, ob sie besser mit Ihnen zurechtkommt. Ich gehe zu meinen Blumen. (Nimmt die Schachtel, ab nach dem Garten.)

Oldendorf. Woher kommt die üble Laune des Vaters? Hat ihn wieder etwas aus der Zeitung geärgert?

Ida. Ich glaube nicht. Es ist ihm aber schmerzlich, daß Sie jetzt in der Politik aufs neue in die Lage kommen, Maßregeln anzuraten, die er haßt, und Einrichtungen anzugreifen, die er verehrt. — (Schüchtern) Oldendorf, ist es denn nicht möglich, daß Sie sich von der Wahl zurückziehen?

Oldendorf. Es ist unmöglich.

Ida. Ich würde Sie hier behalten und der Vater könnte seine gute Laune wieder gewinnen, denn er würde Ihnen das Opfer, welches Sie ihm bringen, sehr hoch anrechnen. Wir dürfen dann hoffen, daß unsere Zukunft wieder so friedlich wird, wie die Vergangenheit war.

Oldendorf. Ich weiß das, Ida, und ich habe bei der Aussicht, Abgeordneter dieser Stadt zu werden, jedes andere Gefühl, nur keine Freude, und doch kann ich nicht zurücktreten.

Ida (sich abwendend). Der Vater hat recht, seit Sie die Zeitung redigieren, sind Sie ein anderer geworden.

Oldendorf. Ida! auch Sie? Wenn diese Verstimmung zwischen uns beide tritt, dann werde ich sehr arm.

Ida. Lieber Eduard! — ich bin nur traurig, daß ich Sie so lange entbehren soll.

Oldendorf. Noch bin ich nicht gewählt! Werde ich Deputierter und geht es nach mir, so führe ich Sie nach der Residenz, um Sie nie wieder von meiner Seite zu lassen.

Ida. Ach, Eduard, daran dürfen wir jetzt nicht denken. — Schonen Sie nur den Vater.

Oldendorf. Sie hören, ich ertrage viel von ihm Auch gebe ich die Hoffnung nicht auf, daß er sich mir versöhnt. Wenn diese Wahl vorüber ist, dann will ich noch einmal bei seinem Herzen anfragen. Vielleicht erobere ich einen günstigen Bescheid und unsere Vereinigung.

Ida. Sein Sie nur recht aufmerksam auf seine kleinen Liebhabereien. Er ist im Garten bei seinem Georginenbeet, freuen Sie sich über die bunten Farben. Wenn Sie recht geschickt sind, nennt er vielleicht noch eine Eduard Oldendorf. Wir haben schon darüber verhandelt; kommen Sie! (Beide ab.)

Senden, Blumenberg, Karl, Schmock.

Senden (eintretend). Ist der Herr Oberst allein?

Karl. Herr Professor Oldendorf ist bei ihm.

Senden. Melden Sie uns. (Karl ab.) — Immer noch dieser Oldendorf! Hören Sie, Blumenberg, die Verbindung des alten Herrn mit der Union muß ein Ende nehmen. Er gehört nicht vollständig zu uns, solange der Professor hier aus- und eingeht. Wir brauchen die einflußreiche Person des Obersten —

Blumenberg. Und sein Haus ist das erste in der Stadt, die beste Gesellschaft, gute Weine und Kunst!

Senden. Außerdem habe ich meine Privatgründe, den Obersten für uns zu gewinnen; und überall ist uns der Professor und seine Clique im Wege.

Blumenberg. Die Freundschaft wird ein Ende nehmen. Ich verspreche Ihnen, daß sie ein Ende nehmen soll in diesen Wochen nach und nach. Der erste Schritt dazu ist gethan. Die Herren von der Union sind in die Falle gegangen.

Senden. In welche Falle?

Blumenberg. Die ich ihnen in unserer Zeitung gestellt habe. — (Sich umwendend zu Schmock, der an der Thür steht.) Warum stehen Sie hier, Schmock? können Sie nicht am Thor warten?

Schmock. Ich bin gegangen, wo Sie gegangen sind. Warum soll ich nicht hier stehen? Ich kenne den Obersten so gut, wie Sie.

Blumenberg. Sein Sie nicht dreist, sein Sie nicht insolent. Gehen Sie und warten Sie am Thor, und wenn ich Ihnen den Artikel bringe, so laufen Sie damit schnell nach der Druckerei. Verstehen Sie?

Schmock. Was soll ich nicht verstehen, wenn Sie schreien wie ein Rabe? (Ab.)

Blumenberg (zu Senden). Er ist ein ordinärer Mensch, aber er ist brauchbar! Jetzt sind wir allein, hören Sie. Neulich, als Sie mich hier einführten, habe ich den Obersten gebeten und gedrängt, daß er doch einmal seine Gedanken über die Zeitereignisse niederschreiben solle.

Senden. Ja leider! Sie haben ihm grob genug geschmeichelt, aber der alte Herr fing doch Feuer.

Blumenberg. Was er geschrieben hatte, haben wir ihn gebeten vorzulesen; er hat's vorgelesen, wir haben's gelobt.

Senden. Es war aber sehr langweilig.

Blumenberg. Ich habe ihn darum gebeten für unsere Zeitung.

Senden. Leider! und ich muß jetzt dicke Artikel in Ihre Druckerei tragen. Diese Aufsätze sind zu schwerfällig; für den Coriolan sind sie kein Gewinn.

Blumenberg. Ich habe sie doch mit Vergnügen abgedruckt. Wenn einer für ein Blatt geschrieben hat, so wird er ein guter Freund des Blattes. Der Oberst hat sogleich auf den Coriolan abonniert und hat mich den Tag darauf zu Tische geladen.

Senden (achselzuckend). Wenn das der ganze Gewinn ist!

Blumenberg. Es ist nur der Anfang. — Die Artikel sind ungeschickt, warum soll ich's nicht sagen!

Senden. Das weiß Gott!

Blumenberg. Und niemand weiß, wer der Verfasser ist.

Senden. So verlangte der alte Herr! Ich glaube, er hat Angst vor Oldendorf.

Blumenberg. Deshalb ist es gekommen, wie ich gedacht habe. Oldendorfs Zeitung hat heute diese Artikel angegriffen. Hier ist die neueste Nummer der Union.

Senden. Zeigen Sie her. — Das wird ja eine famose Konfusion! Ist der Angriff grob?

Blumenberg. Der Oberst wird ihn sicher für grob halten. Glauben Sie, daß uns das helfen wird gegen den Professor?

Senden. Sie sind auf Ehre der schlaueste Teufel, der je aus einem Tintenfaß gekrochen ist.

Blumenberg. Geben Sie her, der Oberst kommt.

Oberst.

Oberst. Guten Morgen, meine Herren! — (Beiseite) Und gerade ist Oldendorf hier, wenn er jetzt nur im Garten bliebe! — Nun, Herr Redacteur, was macht der Coriolan?

Blumenberg. Unsere Leser bewundern die neuen Artikel mit dem Pfeil. Habe ich vielleicht Hoffnung, wieder etwas —

Oberst (ein Manuskript aus der Tasche ziehend, sich umsehend). Ich vertraue Ihrer Diskretion. Ich wollte es eigentlich noch einmal durchlesen wegen des Periodenbaues.

Blumenberg. Das macht sich am besten bei der Revision.

Oberst. Ich glaube, es wird angehen. Nehmen Sie; aber reinen Mund gehalten, —

Blumenberg. Sie erlauben, daß ich es sogleich nach der Druckerei schicke. (An der Thür.) Schmock!

(**Schmock** erscheint an der Thür, nimmt das Manuskript, schnell ab.)

Senden. Blumenberg hält das Blatt wacker, aber er hat Feinde, er muß sich tüchtig wehren.

Oberst (vergnügt). Feinde? Wer hat die nicht! Aber die Herren Journalisten haben Nerven wie die Frauen. Alles regt euch auf, jedes Wort, das jemand gegen euch sagt, empört euch! Geht mir, ihr seid empfindliche Leute.

Blumenberg. Vielleicht haben Sie recht, Herr Oberst. Aber wenn man Gegner hat, wie diese Union —

Oberst. Ja, die Union, die ist euch beiden ein Dorn im Auge. Ich lobe vieles nicht, was darin steht; aber was wahr ist, gerade im Alarmschlagen, in der Attaque, im Einhauen ist sie geschickter, als Ihr Blatt. Die Artikel sind witzig; auch wenn sie unrecht haben, man muß doch darüber lachen.

Blumenberg. Nicht immer. In dem heutigen Angriff auf die besten Artikel, die der Coriolan seit lange gebracht hat, sehe ich gar keinen Witz.

Oberst. Angriff auf welche Artikel?

Blumenberg. Auf die Ihrigen, Herr Oberst. Ich muß das Blatt bei mir haben. (Sucht und giebt ihm ein Blatt der Union.)

Oberst. Oldendorfs Zeitung greift meine Aufsätze an! (Liest) „Wir bedauern eine solche Unkenntnis“ —

Blumenberg. Und hier —

Oberst. „Es ist eine unverzeihliche Anmaßung“ — Was, ich wäre anmaßend?

Blumenberg. Und hier —

Oberst. „Man kann zweifeln, ob die Naivetät des Einsenders komisch oder traurig ist, jedenfalls hat er kein Recht mitzusprechen“ — (das Blatt wegwerfend) **O, das ist nichtswürdig! Das sind Gemeinheiten!**

Ida, Oldendorf (aus dem Garten).

Senden. Jetzt bricht das Wetter los!

Oberst. Herr Professor, Ihre Zeitung macht Fortschritte. Zu den schlechten Grundsätzen kommt jetzt noch etwas anderes, die Gemeinheit.

Ida (erschrocken). Vater!

Oldendorf (vortretend). Herr Oberst, was berechtigt Sie zu diesem kränkenden Wort?

Oberst (ihm die Zeitung hinhaltend). Sehen Sie hierher! Das steht in Ihrer Zeitung. In Ihrer Zeitung, Oldendorf!

Oldendorf. Die Haltung des Angriffs ist nicht ganz so ruhig, wie ich gewünscht hätte —

Oberst (ihn unterbrechend). Nicht ganz so ruhig! Wirklich nicht?

Oldendorf. In der Sache selbst hat der Angriff recht.

Oberst. Herr, das wagen Sie mir zu sagen?

Ida. Vater!

Oldendorf. Herr Oberst, ich begreife diese Stimmung nicht, und ich bitte Sie darauf Rücksicht zu nehmen, daß wir vor Zeugen sprechen.

Oberst. Fordern Sie keine Rücksichten. An Ihnen wäre es gewesen, Rücksicht gegen den Mann zu beobachten, dessen Freundschaft Sie sonst so sehr in Anspruch nehmen.

Oldendorf. Haben Sie vor allem die Aufrichtigkeit, mir zu sagen, in welcher Verbindung Sie selbst mit den angegriffenen Artikeln des Coriolan stehen.

Oberst. In einer sehr zufälligen Verbindung, welche in Ihren Augen zu unbedeutend ist, um Berücksichtigung zu verdienen. Die Artikel sind von mir!

Ida. O mein Gott!

Oldendorf (heftig). Von Ihnen? Artikel im Blatte dieses Herrn?

Ida (flehend). Oldendorf!

Oldendorf (ruhiger). Die Union hat nicht Sie angegriffen, sondern einen Unbekannten, der für uns nichts als ein Parteigenosse dieses Herrn war. Sie hätten uns beiden diese peinliche Scene erspart, wenn Sie mir kein Geheimnis daraus gemacht hätten, daß Sie ein Korrespondent des Coriolan sind.

Oberst. Sie werden es ertragen müssen, daß ich Sie auch ferner nicht zum Vertrauten meiner Handlungen mache. Sie haben mir hier einen gedruckten Beweis von Freundschaft gegeben, der mich nach anderen nicht lüstern macht.

Oldendorf (seinen Hut nehmend). Und ich kann Ihnen nur die Erklärung geben, daß ich den Vorfall tief bedauere, mich aber außer aller Schuld fühle. Ich hoffe, Herr Oberst, daß Sie bei ruhiger Prüfung dieselbe Ansicht gewinnen werden. Leben Sie wohl, Fräulein. Ich empfehle mich Ihnen. (Ab bis zur Mittelthür.)

Ida (flehend). Vater, laß ihn nicht so von uns gehen!

Oberst. Es ist besser, als wenn er bleibt.

Adelheid.

Adelheid (in elegantem Reisekleid eintretend, trifft an der Thür mit Oldendorf zusammen). Nicht so schnell, Herr Professor!

Oldendorf (küßt ihr die Hand, ab).

Ida } (zugleich). Adelheid! (Eilt in ihre Arme.)
Oberst } Adelheid! Und gerade jetzt!

Adelheid (Ida an sich haltend, nach dem Obersten die Hand ausstreckend). Geben Sie Ihrem Landmädchen die Hand.

Die Tante grüßt und Gut Rosenau empfiehlt sich demütig in seinem braunen Herbstkleide. Die Felder sind leer und im Garten tanzt das dürre Laub mit dem Winde. — Ah, Herr von Senden!

Oberst (vorstellend). Herr Redacteur Blumenberg.

Senden. Wir sind entzückt, unsere eifrige Landwirtin in der Stadt zu begrüßen.

Adelheid. Und wir hätten uns gefreut, unserm Gutsnachbar manchmal auf dem Lande zu begegnen.

Oberst. Er hat hier viel zu thun, er ist ein großer Politiker und arbeitet eifrig für die gute Sache.

Adelheid. Ja, ja, wir lesen von seinen Thaten in der Zeitung. — Ich bin gestern über Ihr Feld gefahren. Ihre Kartoffelernte ist noch nicht beendet, Ihr Amtmann ist nicht fertig geworden.

Senden. Die Rosenauer haben das Vorrecht, acht Tage eher fertig zu sein, als jeder andere.

Adelheid. Dafür verstehen wir auch nichts anderes als unsere Wirtschaft. (Freundlich) Die Nachbarschaft läßt Sie grüßen.

Senden. Ich danke. Wir gönnen Sie jetzt Freunden, die näheres Anrecht an Sie haben, aber Sie bewilligen mir noch heut eine Audienz, damit ich die Neuigkeiten unserer Gegend von Ihnen erbitte.

Adelheid (verneigt sich).

Senden. Leben Sie wohl, Herr Oberst, (zu Ida) ich empfehle mich Ihrer Gnade, Fräulein. (Ab mit Blumenberg.)

Ida (Adelheid umarmend). Ich habe dich! Jetzt wird alles gut werden!

Adelheid. Was soll gut werden? Ist etwas nicht gut? Dort hinten ging jemand schneller an mir vorüber, als sonst seine Art ist — und hier sehe ich feuchte Augen und eine gefurchte Stirn. (Küßt sie auf die Augen.) Sie sollen dir die hübschen Augen nicht verderben.— Und Sie, mein würdiger Freund, machen Sie mir ein freundliches Gesicht.

Oberst. Sie bleiben den Winter über bei uns, es ist seit langer Zeit der erste, den Sie uns schenken; wir wollen diese Gunst zu verdienen suchen.

Adelheid (ernst). Es ist der erste seit dem Tode meines Vaters, an dem ich Lust habe, wieder mit der Welt zu verkehren. Außerdem habe ich Geschäfte hier. Sie wissen, ich bin in diesem Sommer mündig geworden, und unser Rechtsfreund, Justizrat Schwarz, fordert meine Anwesenheit. — Höre Ida, die Leute packen aus, geh zum Rechten sehen! (beiseite) und halte ein feuchtes Tuch über die Augen, man sieht, daß du geweint hast. (Ida ab nach rechts, schnell zum Obersten tretend.) Was ist das mit Ida und dem Professor?

Oberst. Da wäre viel zu reden! Ich will mir jetzt die Freude nicht verderben. Es geht nicht recht mit uns Männern, die Ansichten sind zu verschieden.

Adelheid. Waren die Ansichten früher nicht auch verschieden? Und doch war Ihr Verhältnis zu Oldendorf so gut.

Oberst. So verschieden waren sie doch nicht.

Adelheid. Und welcher von Ihnen hat sich geändert?

Oberst. Hm! doch wohl er! Er wird zu vielem verleitet durch seine schlechte Umgebung; da sind einige Menschen, Journalisten seiner Zeitung, vor allen ein gewisser Bolz.

Adelheid (beiseite). Was muß ich hören!

Oberst. Aber Sie kennen ihn wohl selbst, er stammt ja aus Ihrer Gegend.

Adelheid. Er ist ein Rosenauer Kind.

Oberst. Ich erinnere mich. Schon Ihr seliger Vater, mein braver General, konnte ihn nicht leiden.

Adelheid. Wenigstens hat er das zuweilen gesagt.

Oberst. Seitdem ist dieser Bolz ein excentrischer Mensch geworden. Er soll unregelmäßig leben, und seine Sitten scheinen mir ziemlich frei zu sein. Er ist Oldendorfs böser Engel.

Adelheid. Das wäre traurig! — Nein! das glaube ich nicht!

Oberst. Was glauben Sie nicht, Adelheid?

Adelheid (lächelnd). Ich glaube nicht an böse Engel. — Was zwischen Ihnen und Oldendorf schlimm geworden ist, kann wieder gut werden. Heute Feind, morgen Freund, heißt es in der Politik; aber Idas Gefühl wird sich nicht so schnell ändern. — Herr Oberst, ich habe ein prächtiges Modell zu einem Kleide mitgebracht, das neue Kleid will ich diesen Winter als Brautjungfer tragen.

Oberst. Daran ist nicht zu denken! So lasse ich mich nicht fangen, Mädchen. Ich spiele den Krieg in Feindesland. Warum treiben Sie andere Leute zum Altar, und Sie selbst müssen erleben, daß Ihre ganze Nachbarschaft Sie spottend die Dornenrose und den jungfräulichen Landwirt nennt.

Adelheid (lachend). Ja, das thut sie.

Oberst. Die reichste Erbin der ganzen Gegend! umschwärmt von einem Heer Anbeter, und so fest verschlossen gegen jedes Gefühl; niemand kann sich das erklären!

Adelheid. Mein Oberst, wenn alle jungen Herren

so liebenswürdig wären, wie gewisse ältere — ach, aber das sind sie nicht.

Oberst. Sie entschlüpfen mir nicht. Wir wollen Sie festhalten in der Stadt, bis unter unsern jungen Männern einer gefunden ist, den Sie für würdig halten, unter Ihr Kommando zu treten; denn, wen Sie auch zum Gemahl wählen, es wird ihm gehen, wie mir, er wird zuletzt doch immer nach Ihrem Willen thun müssen.

Adelheid (schnell). Wollen Sie nach meinem Willen thun mit Ida und dem Professor? — Jetzt halte ich Sie fest.

Oberst. Wollen Sie mir den Gefallen thun und diesen Winter bei uns Ihre Gattenwahl halten? — Ja? Jetzt habe ich Sie gefangen.

Adelheid. Es gilt! schlagen Sie ein! (Hält ihm die Hand hin.)

Oberst (einschlagend, lacht). Das war überlistet! (Ab durch die Mittelthür.)

Adelheid (allein). Ich denke, nein! — Wie, Herr Konrad Bolz, ist das Ihr Lob unter den Leuten? Sie leben unregelmäßig? Sie haben freie Sitten? Sie sind ein böser Engel? —

Korb.

Korb (aus der Mittelthür mit einem Paket). Wo soll ich die Rechnungsbücher und Papiere hintragen, gnädiges Fräulein?

Adelheid. In mein Zimmer. — Hören Sie, lieber Korb, — haben Sie Ihre Stube hier in Ordnung gefunden?

Korb. Aufs allerschönste. Der Bediente hat mir zwei Stearinlichter hineingestellt; es ist reine Verschwendung.

Adelheid. Sie sollen heut den ganzen Tag für mich keine Feder anrühren; ich will, daß Sie sich die Stadt ansehen und Ihre Bekannten besuchen. Sie haben doch Bekannte hier?

Korb. Nicht gerade viel, es ist über ein Jahr, daß ich nicht hier war.

Adelheid (gleichgültig). Sind denn keine Rosenauer hier?

Korb. Unter den Soldaten sind vier aus dem Dorfe. Da ist der Johann Lutz vom Schimmellutz —

Adelheid. Ich weiß. — Ist sonst niemand aus dem Dorfe hier, den Sie kennen?

Korb. Sonst niemand, natürlich außer ihm —

Adelheid. Außer ihm? Wer ist das?

Korb. Nun, unser Herr Konrad.

Adelheid. Richtig, der! Besuchen Sie den nicht? Ich denke, ihr seid immer gute Freunde gewesen.

Korb. Ob ich den besuche? Mein erster Gang ist zu ihm. Ich habe mich während der ganzen Reise darauf gefreut. Das ist eine treue Seele, auf den kann das Dorf stolz sein.

Adelheid (warm). Ja, er hat ein treues Herz!

Korb (eifrig). Immer lustig und immer freundlich, und wie er am Dorfe hängt! Der arme Herr, er ist so lange nicht dort gewesen.

Adelheid. Still davon!

Korb. Der wird mich ausfragen, nach der Wirtschaft —

Adelheid (eifrig). Und nach den Pferden. Der alte Falbe, auf dem er so gern ritt, lebt noch.

Korb. Und nach den Sträuchern, die er mit Ihnen gepflanzt hat.

Adelheid. Besonders der Fliederbusch, wo jetzt meine Laube steht; sagen Sie ihm das nur.

Korb. Und nach dem Teiche. Sechzig Schock Karpfen.

Adelheid. Und ein Schock Goldschleien, vergessen Sie das nicht. Und der alte Karpfen mit dem Kupferring am Leibe, den er ihm umgelegt, ist bei dem letzten Fischzug mit herausgekommen, wir haben ihn wieder eingesetzt.

Korb. Und wie wird er nach Ihnen fragen, gnädiges Fräulein!

Adelheid. Sagen Sie ihm, daß ich gesund bin.

Korb. Und wie Sie seit dem Tode des Herrn Generals die Wirtschaft führen; und daß Sie seine Zeitung halten, die lese ich nachher den Bauern vor.

Adelheid. Das brauchen Sie ihm gerade nicht zu sagen. (Seufzend beiseite) Auf die Weise werde ich nichts erfahren! — (Pause, mit Gravität) Hören Sie, lieber Korb, ich habe allerlei über Herrn Bolz gehört, was mich gewundert hat. Er soll sehr wild leben.

Korb. Ja, das glaub' ich, ein wildes Füllen war er immer.

Adelheid. Er soll mehr Geld ausgeben, als er einnimmt.

Korb. Ja, das ist wohl möglich. Aber lustig giebt er's aus, davon bin ich überzeugt.

Adelheid (beiseite). Bei dem werde ich mir auch keinen Trost holen! — (Gleichgültig) Er hat doch jetzt eine gute Stellung, ob er sich nicht bald eine Frau suchen wird?

Korb. Eine Frau? — Nein, das thut er nicht, das ist nicht möglich.

Adelheid. Ich habe doch so etwas gehört; wenigstens soll er sich für eine junge Dame sehr interessieren, man spricht davon.

Korb. Das wäre ja — Nein, das glaube ich nicht. — (Eilig) Da will ich ihn doch gleich fragen.

Adelheid. Er selbst wird es Ihnen am wenigsten sagen; so etwas erfährt man von den Freunden und Bekannten eines Mannes. — Die Leute im Dorfe sollten's doch wissen, wenn einer aus Rosenau heiratet.

Korb. Freilich, dahinter muß ich kommen.

Adelheid. Das würden Sie sehr klug anfangen müssen, Sie wissen, wie schlau er ist.

Korb. O, ich will ihn schon überlisten. Ich werde etwas erfinden.

Adelheid. Gehen Sie, lieber Korb! (Korb ab.) — Das war eine traurige Nachricht, die mir der Oberst entgegentrug. Konrad sittenlos, unwürdig! Es ist unmöglich. So kann sich ein edler Sinn nicht verändern. Ich glaube kein Wort von allem, was sie mir über ihn sagen. (Ab.)

Zweite Scene.

Redaktionszimmer der Union. Thüren in der Mitte und zu beiden Seiten. Im Vordergrund links ein Arbeitstisch mit Zeitungen und Papieren, rechts ein ähnlicher, kleinerer Tisch, Stühle.

Bolz aus der Seitenthür rechts, darauf **Müller** durch die Mittelthür.

Bolz (eifrig). Müller! Faktotum! Wo sind die Postsachen?

Müller (behend mit einem Pack Briefe und Zeitungen). Hier, Herr Bolz, ist die Post, — und hier aus der Druckerei das Probeblatt unserer heutigen Abendnummer zur Revision.

Bolz (am Tische links Briefe schnell öffnend, durchsehend und mit Bleistift bezeichnend). Ich habe die Revision bereits gemacht, alter Schelm.

Müller. Nicht ganz. Hier unten ist noch das Mannigfaltige, welches Herr Bellmaus den Setzern gegeben hat.

Bolz. Her damit! (Liest in der Zeitung.) Wäsche vom Boden gestohlen — Drillinge geboren — Konzert, Konzert, Vereinssitzung, Theater — Alles in Ordnung — Neuerfundene Lokomotive; die große Seeschlange gesehen. (Aufspringend) Alle Wetter, kommt der wieder mit der alten Seeschlange! ich wollte, sie würde ihm als Gelee gekocht und er müßte sie kalt aufessen. (Eilt zur Thür rechts) Bellmaus, Ungeheuer, komm hervor!

Bellmaus.

Bellmaus (von rechts eintretend, die Feder in der Hand). Was giebt's? Wozu der Lärm?

Bolz (feierlich). Bellmaus, als wir dir die Ehre erwiesen, dich mit Verfertigung der Nippessachen für dieses Blatt zu betrauen, da war die Meinung nicht, daß du die ewige große Seeschlange durch die Spalten unserer Zeitung wälzen solltest! — — Wie konntest du die abgedroschene Lüge wieder hineinsetzen?

Bellmaus. Sie paßte gerade, es fehlte an sechs Zeilen.

Bolz. Das ist eine Entschuldigung, aber keine gute. Erfinde deine eigenen Geschichten, wozu bist du Journalist? Mache ein kleines „Eingesandt," z. B. eine Betrachtung über Menschenleben im allgemeinen, oder über das Umherlaufen von Hunden auf der Straße, oder suche eine haarsträubende Geschichte heraus, vielleicht einen Meuchelmord aus Höflichkeit, oder wie ein Hamster sieben schlafende Kinder erbissen hat, oder so etwas — Es giebt so vieles, was geschieht, und so ungeheuer vieles, was nicht geschieht, daß es einem ehrlichen Zeitungsschreiber nie an Neuigkeiten fehlen darf.

Bellmaus. Gieb her, ich will's ändern. (Geht an den Tisch, sieht in ein gedrucktes Blatt, schneidet mit einer großen Schere einen Zettel davon ab und klebt ihn auf die Zeitungsnummer.)

Bolz. Recht so, mein Sohn, thue das und bessere dich. — (Die Thür rechts öffnend) Kämpe, können Sie einen Augenblick hereinkommen? (Zu Müller, welcher an der Thür wartet) Fort mit der Revision nach der Druckerei! (Müller erhält von Bellmaus das Blatt, eilt ab)

Kämpe.

Kämpe (eintretend). Ich kann doch nichts Rechtes schreiben, wenn Sie solchen Lärm machen.

Bolz. So! Was haben Sie denn jetzt geschrieben? Doch höchstens einen Liebesbrief an eine Tänzerin, oder eine Bestellung an Ihren Schneider?

Bellmaus. Nein, er schreibt zärtliche Briefe. Er ist ernsthaft verliebt, denn er führte mich gestern im Mondenschein spazieren und sprach verächtlich von allen Getränken.

Kämpe (der sich behaglich gesetzt hat). Ihr Herren, es ist unbillig, einen Menschen von der Arbeit abzurufen, um so schlechte Witze zu machen.

Bolz. Ja, ja, er verleumdet Sie offenbar, wenn er behauptet, daß Sie etwas anderes lieben, als Ihre neuen Stiefeln, und ein klein wenig Ihre eigene Person. — Du selbst bist eine liebesprühende Natur, kleiner Bellmaus. Du glühst wie ein Räucherkerzchen, so oft du eine junge Dame siehst, du ziehst glimmend und räucherig um sie herum, und hast doch nicht den Mut, sie nur einmal anzureden. Aber man muß Nachsicht mit ihm haben, denn er ist von Haus aus lyrischer Dichter gewesen, deshalb ist er schüchtern, er errötet vor den Frauen und ist noch schöner Wallungen fähig.

Bellmaus. Ich habe keine Lust, mir unaufhörlich meine Gedichte vorwerfen zu lassen; habe ich sie jemals euch vorgelesen?

Bolz. Nein, dem Himmel sei Dank, die Unverschämtheit hast du nie gehabt. — (Ernsthaft) Aber zum Geschäft, ihr Herren! Die heutige Nummer ist fertig, Oldendorf ist noch nicht hier, lassen Sie uns unterdes vertrauten Rat halten. — Oldendorf muß Deputierter der Stadt für die nächsten Kammern werden, unsere Partei und die Union müssen das durchsetzen. Wie stehen unsere Aktien heut?

Kämpe. So gut als möglich. Die Gegner geben zu, daß ihnen kein anderer Kandidat so gefährlich wäre, und unsere Freunde haben überall die beste Hoffnung. Aber Sie wissen, wie wenig das bedeutet. — Hier ist das Verzeichnis der Wahlmänner. Unser Wahlkomitee läßt Ihnen sagen, daß unsere Berechnungen richtig waren. Von den 100 Wahlmännern unserer Stadt gehören 40 mit Sicherheit zu uns, ungefähr ebensoviel stehen auf den Listen der Gegenpartei, der Rest von etwa 20 Stimmen ist unsicher. Es ist klar, daß die Wahl nur mit sehr kleiner Majorität vor sich gehen wird.

Bolz. Natürlich werden wir die Majorität haben, eine Majorität von 8—10 Stimmen, erzählen Sie das überall mit der größten Sicherheit. Mancher, der noch unentschlossen ist, kommt zu uns, wenn er hört, daß wir die stärkeren sind. Wo ist das Verzeichnis der unsicheren Wahlmänner? (Sieht hinein.)

Kämpe. Ich habe da Zeichen gemacht, wo nach der Meinung unserer Freunde ein Einfluß möglich wäre.

Bolz. Bei dem einen Namen sehe ich zwei Kreuze, was bedeuten die?

Kämpe. Das ist Piepenbrink, der Weinhändler Piepenbrink. Er hat einen großen Anhang in seinem Bezirk, ist ein wohlhabender Mann und soll über 5—6 Stimmen seiner Anhänger kommandieren.

Bolz. Den müssen wir haben. Was ist's für eine Art Mann?

Kämpe. Er soll sehr grob sein und sich um Politik gar nicht kümmern.

Bellmaus. Er hat aber eine hübsche Tochter.

Kämpe. Was nützt seine hübsche Tochter! Ich

wollte lieber, er hätte eine häßliche Frau, da wäre eher an ihn zu kommen.

Bellmaus. Die hat er auch, eine Dame mit kleinen Locken und feuerroten Bändern an der Haube.

Bolz. Mit oder ohne Frau, der Mann muß unser werden. — Still, man kommt, das ist Oldendorfs Tritt. Er braucht von unsern Verhandlungen nichts zu wissen. Geht in euer Zimmer, ihr Herren, heut abend das Weitere.

Kämpe (an der Thür). Es bleibt doch dabei, daß ich in der nächsten Nummer den neuen Korrespondenten des Coriolan, den mit dem Pfeil, wieder angreife?

Bolz. Ja wohl, gehen Sie ihm vornehm, aber tüchtig zu Leibe. Eine kleine Balgerei mit unsern Gegnern ist gerade jetzt vor den Wahlen nützlich; und die Artikel mit dem Pfeil geben große Blößen. (Kämpe, Bellmaus ab.)

Oldendorf (durch die Mittelthür).

Oldendorf. Guten Tag, Konrad.

Bolz (am Tische rechts über den Wahllisten). Dein Eingang sei gesegnet! Dort liegt die Korrespondenz, es ist nichts Wichtiges.

Oldendorf. Hast du mich heut hier nötig?

Bolz. Nein, mein Herzblatt, die Abendnummer ist fertig, für morgen schreibt Kämpe den Leitartikel.

Oldendorf. Worüber?

Bolz. Kleines Vorpostengefecht mit dem Coriolan. Wieder gegen den unbekannten Korrespondenten mit dem Pfeil, welcher unsere Partei angegriffen hat. Aber sei ohne Sorge, ich habe dem Kämpe gesagt, er soll den Artikel würdig, sehr würdig halten.

Oldendorf. Um alles nicht! Der Artikel darf nicht geschrieben werden.

Bolz. Ich verstehe dich nicht. Wozu hat man seine politischen Gegner, wenn man sie nicht angreifen darf?

Oldendorf. So höre. Diese Artikel sind von dem Obersten verfaßt, er selbst hat es mir heut gesagt.

Bolz. Alle Wetter!

Oldendorf (finster). Du magst denken, daß dies Geständnis von andern Andeutungen begleitet war, welche meine Stellung zum Obersten und seinem Hause gerade jetzt sehr unbehaglich machen.

Bolz (ernsthaft). Und was verlangt der Oberst von dir?

Oldendorf. Er wird sich mit mir aussöhnen, wenn ich die Redaktion der Zeitung niederlege und als Wahlkandidat zurücktrete.

Bolz. Teufel, das ist wenig gefordert.

Oldendorf. Ich leide unter diesen Dissonanzen. Dir, mein Freund, kann ich das sagen.

Bolz (an ihn tretend und ihm die Hand drückend). Feierlicher Augenblick männlicher Rührung!

Oldendorf. Sei jetzt wenigstens kein Hanswurst. — Du kannst dir denken wie peinlich meine Stellung im Hause des Obersten geworden ist. Der würdige alte Herr entweder kalt oder heftig, die Unterhaltung mit beißenden Anspielungen gewürzt, Ida leidend, ich sehe oft, daß sie geweint hat. Siegt unsere Partei, werde ich Abgeordneter der Stadt, so fürchte ich, ist mir jede Hoffnung auf eine Verbindung mit Ida genommen.

Bolz (eifrig). Und trittst du zurück, so erleidet unsere Partei einen empfindlichen Verlust. (Schnell und nachdrücklich)

Die bevorstehende Sitzung der Kammern wird verhängnisvoll für den Staat. Die Parteien sind einander fast gleich. Jeder Verlust einer Stimme ist für unsere Sache ein Unglück. In dieser Stadt haben wir außer dir keinen Kandidaten, dessen Popularität groß genug ist, seine Wahl wahrscheinlich zu machen. Entziehst du dich aus irgend einem Grunde der Wahl, so siegen unsere Gegner.

Oldendorf. Leider ist es, wie du sagst.

Bolz (immer eifrig). Ich will dich nicht unterhalten von dem Vertrauen, daß ich in deine Talente setze, ich bin überzeugt, du wirst in der Kammer und vielleicht als Mitglied der Regierung dem Lande nützen. Ich bitte dich, jetzt nur an die Pflichten zu denken, die du übernommen hast gegen unsere politischen Freunde, welche dir vertrauen, und gegen dies Blatt und uns, die wir drei Jahre fleißig gearbeitet haben, damit der Name Oldendorf, der an der Spitze des Blattes steht, zu Ansehen komme. Es handelt sich um deine Ehre und jeder Augenblick Schwanken in dir wäre ein Unrecht.

Oldendorf (mit Haltung). Du wirst eifrig ohne Veranlassung. Auch ich halte es für unrecht, mich zurückzuziehen, jetzt, wo man mir sagt, daß ich unserer Sache nötig sei. Aber wenn ich dir, meinem Freunde, gestehe, daß mir dieser Entschluß ein großes Opfer kostet, so vergebe ich dadurch weder unserer Sache noch uns beiden etwas.

Bolz (begütigend). Du hast ganz recht, du bist ein ehrlicher Kamerad. Und so Friede, Freundschaft, Courage! Dein alter Oberst wird nicht unversöhnlich sein.

Oldendorf. Er ist mit Senden vertraut geworden, der ihm auf jede Weise schmeichelt, und, wie ich fürchte, Pläne hat, welche auch mich nahe angehen. Ich würde noch mehr besorgt sein, wenn ich nicht gerade jetzt einen guten Anwalt im Hause des Obersten wüßte; Adelheid Runeck ist soeben angekommen.

Bolz. Adelheid Runeck? Die fehlte noch! (Eilig in die Thür rechts hineinrufend) Kämpe, der Artikel gegen den Ritter mit dem Pfeil wird n i c h t geschrieben. Verstehen Sie?

Kämpe.

Kämpe (an der Thür, die Feder in der Hand). Was wird denn aber geschrieben?

Bolz. Das mag der Kuckuck wissen. — Hören Sie, vielleicht kann ich Oldendorf bewegen, daß er selbst den Leitartikel für morgen macht. Aber auf alle Fälle müssen Sie etwas bereit halten.

Kämpe. Was denn aber?

Bolz (im Eifer). Schreiben Sie meinetwegen über die Auswanderung nach Australien, das wird doch keinen Anstoß erregen.

Kämpe. Gut. Soll ich dazu ermuntern oder abraten?

Bolz (schnell). Natürlich abraten. Wir brauchen alle Leute, welche arbeiten wollen, bei uns im Lande. — Schildern Sie Australien als ein nichtswürdiges Loch, durchaus wahrhaft, aber möglichst schwarz. — Wie das Känguruh, in einen Klumpen geballt, mit unbezwinglicher Bosheit dem Ansiedler an den Kopf springt, während ihn das Schnabeltier hinten in die Beine zwickt; wie der Goldsucher im Winter bis an den Hals im Salzwasser stehen muß, während er im Sommer durch drei Monate keinen Schluck zu trinken hat, und wenn er das alles übersteht, zuletzt von diebischen Eingebornen aufgefressen wird. Machen Sie das recht anschaulich und ans Ende setzen Sie die neuesten Marktpreise der australischen Wolle aus der Times. Die nötigen Bücher finden Sie in der Bibliothek. (Wirft die Thür zu.)

Oldendorf (am Tische). Du kennst die Runeck? Sie fragt häufig in ihren Briefen an Ida nach dir.

Bolz. So? Ja, allerdings kenne ich sie. Wir sind aus demselben Dorf, sie vom Schlosse, ich aus dem Pfarrhaus, mein Vater hat uns zusammen unterrichtet. O ja, ich kenne sie!

Oldendorf. Wie kommt es, daß ihr einander so fremd geworden seid? Du sprichst nie von ihr.

Bolz. Hm! Das sind alte Geschichten, Familienzwistigkeiten, Montecchi und Capuleti. Ich habe sie seit langer Zeit nicht wieder gesehen.

Oldendorf (lächelnd). Ich will nicht hoffen, daß auch euch die Politik entzweite.

Bolz. Etwas Politik war allerdings bei unserer Trennung im Spiel. — Du siehst, es ist ein allgemeines Unglück, daß Freundschaft durch das Parteileben vernichtet wird.

Oldendorf. Es ist traurig! In Glaubenssachen wird jeder gebildete Mensch die Überzeugung des andern tolerieren, und in der Politik behandeln wir einander wie Bösewichter, weil der eine um einige Schattierungen anders gefärbt ist als sein Nachbar.

Bolz (beiseite). Stoff für den nächsten Artikel! (Laut) — Anders gefärbt ist als sein Nachbar, ganz meine Meinung. Das muß in unserm Blatte gesagt werden. (Bittend) Höre, so ein kleiner tugendhafter Artikel: Ermahnung an unsere Wähler, Achtung vor unsern Gegnern! Denn sie sind ja unsere Brüder! (Immer bittender) Oldendorf, das wäre etwas für dich, in dem Thema ist Tugend und Humanität; das Schreiben wird dich zerstreuen und du bist dem Blatt einen Artikel schuldig, wegen der verbotenen Fehde. Thu mir die Liebe! Schreib dort in der Hinterstube, es soll dich niemand stören.

Oldendorf (lächelnd). Du bist ein gemeiner Intrigant!

Bolz (ihn vom Stuhle nötigend). Bitte, du findest Papier und Tinte dort. Komm, mein Schatz, komm. (Begleitet ihn zur Thür links, **Oldendorf** ab. **Bolz** hineinrufend) Willst du eine Cigarre haben? Eine alte Ugues? (Zieht ein Cigarrenetui aus der Tasche.) Nicht? — Schreibe nur nicht zu wenig, es soll ein Hauptartikel werden! (Schließt die Thür, ruft in die Thür rechts) Der Professor schreibt den Artikel selbst, sorgen Sie, daß ihn niemand stört. — (Nach dem Vordergrund) Das wäre abgemacht. — Adelheid hier in der Stadt? — Da will ich doch gleich zu ihr! — Halt, immer hübsch kaltblütig. Du, mein alter Bolz, bist nicht mehr der braune Bursch aus dem Pastorgarten, und wenn du's noch bist, sie ist längst eine andere geworden. Das Gras ist gewachsen über dem Grabe einer kindischen Neigung. Wozu trommelst du jetzt auf einmal so unruhig, liebe Seele? Sie ist hier in der Stadt gerade so weit von dir entfernt als auf ihrem Gute. (Sich setzend, mit einem Bleistift spielend) Nichts über kaltes Blut! brummte der Salamander, als er im Ofenfeuer saß.

Korb.

Korb. Ist hier Herr Bolz zu finden?

Bolz (aufspringend). Korb! lieber Korb! Willkommen,

herzlich willkommen! Das ist brav, daß Sie mich nicht vergessen haben. (Schüttelt ihm die Hand) Ich freue mich sehr Sie zu sehen.

Korb. Und erst ich! — Da sind wir in der Stadt! Das ganze Dorf läßt grüßen! Von Anton dem Pferdejungen — er ist jetzt Großknecht — bis zum alten Nachtwächter, dem Sie sein Horn damals auf die Turmspitze gehängt haben. Nein, ist das eine Freude!

Bolz. Wie geht es dem Fräulein? erzählt, Alter!

Korb. Jetzt ganz vortrefflich. Aber es ist uns schlecht gegangen. Vier Jahre war der selige General krank, das war eine böse Zeit. Sie wissen, er war immer ein ärgerlicher Herr.

Bolz. Ja, er war schwer zu behandeln.

Korb. Und vollends in seiner Krankheit. Aber das Fräulein hat ihn gepflegt, so sanftmütig und zuletzt so blaß, wie ein Lamm. Jetzt, seit er tot ist, führt das Fräulein allein die Wirtschaft und wie der beste Wirt, jetzt ist wieder gute Zeit im Dorfe. Ich werde Ihnen alles erzählen, aber erst heut abend, das Fräulein wartet auf mich, ich bin nur schnell hergesprungen, Ihnen zu sagen, daß wir hier sind.

Bolz. Nicht so eilig, Korb. — Also die Leute im Dorfe denken noch an mich.

Korb. Das will ich meinen. — Kein Mensch kann sich erklären, warum Sie nicht zu uns kommen. — Solange der alte Herr noch lebte, ja das war etwas anderes, aber jetzt —

Bolz (ernst). Meine Eltern sind tot, im Pfarrhause wohnt ein Fremder!

Korb. Aber wir auf dem Schlosse leben ja noch! Das Fräulein würde sich gewiß freuen —

Bolz. Erinnert sie sich noch meiner?

Korb. Natürlich. Sie hat erst heut nach Ihnen gefragt.

Bolz. Was denn, Alter?

Korb. Sie frug mich, ob das wahr wäre, was die Leute sagen, daß Sie ein toller Christ geworden sind, Schulden machen, die Cour machen, Teufeleien machen.

Bolz. O weh! Sie haben mich gerechtfertigt?

Korb. Versteht sich! Ich habe ihr gesagt, daß sich bei Ihnen das alles von selbst versteht.

Bolz. Verwünscht! — So denkt sie von mir? — Hören Sie, Korb, Fräulein Adelheid hat wohl viele Freier?

Korb. Der Sand am Meere ist nichts dagegen.

Bolz (ärgerlich). Zuletzt kann sie doch nur einen wählen.

Korb (schlau). Richtig! Aber wen? das ist die Frage.

Bolz. Wen denken Sie?

Korb. Ja, das ist schwer zu sagen. Da ist dieser Herr von Senden, der jetzt in der Stadt wohnt. Wenn einer Aussicht hat, wird er's wohl sein. Er ist geschäftig um uns, wie ein Wiesel. Eben erst, wie ich ausgehen will, schickt er ein ganzes Dutzend Eintrittskarten zu dem großen Ressourcenfest in unser Haus. Es muß so eine Ressource sein, wo die vornehmen Leute mit den Bürgern Arm in Arm gehen.

Bolz. Ja, es ist eine politische Gesellschaft, bei welcher Senden Direktor ist. Sie hält einen großen Fischzug nach Wahlmännern. Und der Oberst und die Damen werden hingehen?

Korb. So höre ich; auch ich habe ein Billet erhalten.

Bolz (für sich). Ist es so weit gekommen? Der arme Oldendorf! — Und Adelheid beim Klubfest des Herrn von Senden!

Korb (für sich). Wie fang' ich's nur an, daß ich hinter seine Liebschaften komme? (Laut) Ja, hören Sie, Herr Konrad, noch eins. Haben Sie vielleicht hier in diesem Geschäft einen recht guten Freund, dem Sie mich empfehlen können?

Bolz. Wozu, mein Alter?

Korb. Es ist nur — ich bin hier im Orte fremd und habe manchmal Aufträge und Besorgungen, wo ich mir keinen Rat weiß, und da möchte ich hier jemand haben, bei dem ich mir Auskunft holen kann, wenn Sie einmal nicht hier sind, oder bei dem ich etwas für Sie zurücklassen kann.

Bolz. Sie finden mich fast den ganzen Tag hier. (Zur Thür) Bellmaus!

Bellmaus.

Sieh diesen Herrn an, er ist ein alter würdiger Freund von mir, aus meinem Heimatdorfe. Wenn er mich einmal nicht antreffen sollte, so vertritt du meine Stelle. — Dieser Herr heißt Bellmaus und ist ein guter Mensch.

Korb. Ich freue mich Ihrer Bekanntschaft, Herr Bellmaus.

Bellmaus. Ich ebenfalls, Herr — du hast mir den Namen noch nicht gesagt.

Bolz. Korb! Aus der großen Familie der Tragekörbe; er hat viel in seinem Leben zu tragen gehabt, auch mich hat er oft auf seinem Rücken getragen.

Bellmaus. Ich freue mich ebenfalls, Herr Korb. (Schütteln einander die Hände.)

Korb. So, abgemacht; und jetzt muß ich fort, sonst wartet das Fräulein.

Bolz. Leben Sie wohl, auf baldiges Wiedersehen. (Korb ab, Bellmaus ab durch die Thür rechts.)

Bolz (allein). Also dieser Senden wirbt um sie. O, das ist bitter!

Henning, gefolgt von Müller.

Henning (im Schlafrock, eilig, einen bedruckten Bogen in der Hand.) Diener, Herr Bolz! Heißt es Konditor oder Kanditor? Der neue Korrektor hat korrigiert Kanditor.

Bolz (in Gedanken). Mein wackerer Herr Henning, die Union druckt Konditor.

Henning. Ich hab's gleich gesagt. (Zu Müller) Es soll geändert werden, die Maschine wartet. (Müller eilig ab.) Bei dieser Gelegenheit habe ich den Leitartikel gelesen. Er ist von Ihnen, jedenfalls. Er ist sehr gut, aber zu scharf, lieber Herr Bolz; Pfeffer und Senf, das wird Ärgernis geben, das wird böses Blut machen.

Bolz (in Gedanken, heftig). Ich habe von je gegen diesen Menschen einen Widerwillen gehabt.

Henning (gekränkt). Wie? Was? Herr Bolz? Sie haben einen Widerwillen gegen mich?

Bolz. Gegen wen? Nein, lieber Herr Henning, Sie sind ein braver Mann, und wären der beste aller Zeitungsbesitzer, wenn Sie nicht manchmal ein furchtsamer Hase wären. (Umarmt ihn) Empfehlen Sie mich Madame Henning, Herr, und lassen Sie mich allein, ich denke über den nächsten Artikel.

Henning (während er hinausgedrängt wird). Schreiben Sie nur recht sanft und menschenfreundlich, lieber Herr Bolz.

Bolz (allein, wieder umhergehend). Senden weicht mir aus, wo er kann; er erträgt von mir Dinge, die jeden andern in Harnisch brächten. Sollte er ahnen —

Müller.

Müller (eilig). Eine fremde Dame wünscht ihre Aufwartung zu machen.

Bolz (rasch). Eine Dame? und mir?

Müller. Dem Herrn Redacteur. (Übergiebt eine Karte.)

Bolz (liest). Leontine Pavoni-Geßler, geb. Melloni aus Paris. — Die muß von der Kunst sein, ist sie hübsch?

Müller. Hm! So so!

Bolz. So sagen Sie ihr, wir ließen bedauern, daß wir nicht das Vergnügen haben könnten, die Redaktion hätte heut große Wäsche.

Müller. Was?

Bolz (heftig). Wäsche, Kinderwäsche, wir säßen im Seifenschaum bis über die Ellbogen.

Müller (lachend). Und das soll ich —?

Bolz (ungeduldig). Sie sind ein Strohkopf! (Zur Thür) Bellmaus!

Bellmaus.

Bleibe hier und nimm den Besuch ab. (Giebt ihm die Karte.)

Bellmaus. Ach, das ist die neue Tänzerin, die hier erwartet wird. (Seinen Rock besehend) Aber ich habe ja keine Toilette gemacht.

Bolz. Um so mehr Toilette wird sie gemacht haben. (Zu Müller) Herein mit der Dame! (Müller ab.)

Bellmaus. Aber ich kann wirklich nicht —

Bolz (ärgerlich). Zum Henker, ziere dich nicht! (Geht zum Tisch, schließt Papiere in die Schublade, ergreift seinen Hut.)

Madame Pavoni.

Madame Pavoni. Habe ich die Ehre, den Herrn Redacteur der Union vor mir zu sehen?

Bellmaus (sich verneigend). Allerdings — das heißt — Wollen Sie nicht die Güte haben, Platz zu nehmen. (Rückt Stühle.)

Bolz. Adelheid ist scharfblickend und klug, wie ist es möglich, daß sie den Burschen nicht durchschaut?

Madame Pavoni. Herr Redacteur, die geistreichen Artikel über Kunst, welche Ihr Blatt zieren, — haben mich veranlaßt —

Bellmaus. O, ich bitte!

Bolz (entschlossen). Ich muß mir Eintritt zu diesem Ressourcenfest verschaffen! (Geht mit einer Verbeugung gegen die Dame ab. Bellmaus und Madame Pavoni sitzen einander gegenüber.)

Der Vorhang fällt.

Zweiter Akt.

Erste Scene.

Gartensaal des Obersten.

Im Vordergrunde rechts **Ida** und **Adelheid**, neben Adelheid der **Oberst**, alle sitzend. Vor ihnen ein Tisch mit Kaffeegeschirr.

Oberst (im Gespräch mit Adelheid, lachend). Eine vortreffliche Geschichte und drollig erzählt. — Ich bin seelenfroh, daß Sie bei uns sind, liebe Adelheid, jetzt wird doch etwas anderes an unserm Tisch besprochen werden, als die leidige Politik! — Hm! der Professor kommt heut nicht. Er fehlte doch sonst nicht zur Kaffeestunde. (Pause; Ida und Adelheid sehen einander an.)

Ida (seufzt).

Adelheid. Vielleicht hat er zu arbeiten.

Ida. Oder er zürnt auf uns, weil ich heut abend zum Feste gehe.

Oberst (ärgerlich). Dummes Zeug, du bist nicht seine Frau, nicht einmal seine erklärte Braut. Du bist im Hause deines Vaters und gehörst in meinen Kreis. — Hm, ich merke, er trägt mir nach, daß ich mich neulich ausgesprochen habe. Ich glaube, ich war etwas heftig.

Adelheid (mit dem Kopfe nickend). Ja, wie ich höre, etwas.

Ida. Er ist besorgt um Ihre Stimmung, lieber Vater.

Oberst. Na, ich habe Grund genug, ärgerlich zu sein, erinnere mich nicht daran. Und daß er sich noch in diese Wahlen verwickeln ließ, daß ist unverzeihlich. — (Geht auf und ab.) Schicke doch einmal zu ihm, Ida.

Ida (klingelt).

Karl.

Eine Empfehlung an den Herrn Professor, und wir warten mit dem Kaffee auf ihn. (Karl ab.)

Oberst. Nun, das Warten war gerade nicht nötig, wir haben ja getrunken.

Adelheid. Meine Ida noch nicht.

Ida. Still!

Adelheid. Warum hat er sich nur als Kandidat aufstellen lassen? Er hat ohnedies Geschäfte genug.

Oberst. Alles Ehrgeiz, ihr Mädchen. In diesen jungen Herren steckt der Teufel des Ehrgeizes, er treibt sie, wie der Dampf die Lokomotiven.

Ida. Nein, Vater, er hat dabei nicht an sich gedacht.

Oberst. Das stellt sich nicht so nackt dar: ich will Carriere machen, oder: ich will ein gefeierter Mann werden. Das geht feiner zu. Da kommen die guten Freunde und sagen: Es ist Pflicht gegen die gute Sache, daß du — es ist ein Verbrechen gegen dein Vaterland, wenn du nicht — dir ist es ein Opfer, aber wir fordern es; — und so wird der Eitelkeit ein hübscher Mantel umgehangen und der Wahlkandidat springt hervor, natürlich aus reinem Patriotismus. Lehrt einen alten Soldaten nicht die Welt kennen.

Wir, liebe Adelheid, sitzen ruhig und lachen über diese Schwächen.

Adelheid. Und ertragen sie mit Nachsicht, wenn wir ein so gütiges Herz haben wie Sie.

Oberst. Ja, Erfahrung macht klug.

Karl.

Karl. Herr von Senden und zwei andere Herren.

Oberst. Was wollen die? Sehr angenehm! (Karl ab.) Erlaubt, Kinder, daß ich sie hier herein führe. Senden verweilt nie lange, er ist ein unruhiger Geist. (Die Damen stehen auf.)

Ida. Die Stunde ist uns wieder gestört.

Adelheid. Gräme dich nicht, um so mehr Zeit haben wir zu unserer Toilette. (Adelheid und Ida ab nach links.)

Senden, Blumenberg, ein dritter Herr.

Senden. Herr Oberst, wir kommen im Auftrage des Ausschusses für die bevorstehende Wahl, um Ihnen anzuzeigen, daß vom Komitee einstimmig der Beschluß gefaßt worden ist, als Wahlkandidaten unserer Partei Sie, Herr Oberst, aufzustellen.

Oberst. Mich?

Senden. Das Komitee bittet Sie, diesem Beschluß Ihre Zustimmung zu geben, damit noch heut abend beim Fest den Wählern die nötige Mitteilung gemacht werden kann.

Oberst. Sprechen Sie im Ernst, lieber Senden? Wie kommt das Komitee auf den Gedanken?

Senden. Herr Oberst, der Präsident, welcher nach früherem Abkommen unsere Stadt vertreten sollte, hat es für nützlicher gehalten, sich in einem Bezirk der Provinz zu bewerben; außer ihm lebt in unserer Stadt niemand, der so allgemein gekannt und bei der Bürgerschaft beliebt ist, als Sie. Wenn Sie unserer Bitte nachgeben, so ist unsrer Partei der Sieg gewiß; wenn Sie ablehnen, so ist die größte Wahrscheinlichkeit, daß unsere Gegner ihren Willen durchsetzen. Sie werden mit uns einverstanden sein, daß ein solcher Ausgang unter allen Umständen vermieden werden muß.

Oberst. Ich sehe das alles ein, aber gerade für mich ist es aus persönlichen Gründen unmöglich, in dieser Sache unsern Freunden zu nützen.

Senden (zu den übrigen). Erlauben Sie mir, dem Herrn Obersten einiges anzuführen, was ihn vielleicht unsern Wünschen geneigt macht. (**Blumenberg** und der **andere Herr** ab in den Garten, wo sie zuweilen sichtbar werden.)

Oberst. Aber, Senden, wie konnten Sie mich in diese Verlegenheit setzen? Sie wissen, daß Oldendorf seit Jahren in meinem Hause verkehrt, und daß es für mich sehr unangenehm sein muß, ihm öffentlich entgegenzutreten.

Senden. Hat der Professor wirklich solche Anhänglichkeit an Sie und Ihr Haus, so hat er jetzt die beste Gelegenheit, sie zu zeigen. Es versteht sich von selbst, daß er sogleich zurücktreten wird.

Oberst. Ich bin davon doch nicht überzeugt; er ist in manchen Dingen sehr hartnäckig.

Senden. Tritt er nicht zurück, so ist ein solcher Egoismus kaum noch Hartnäckigkeit zu nennen. Und in diesem Falle haben Sie doch schwerlich eine Verpflichtung gegen ihn; eine Verpflichtung, Herr Oberst, welche dem ganzen Lande Schaden brächte. Außerdem hat er keine Aussicht gewählt zu werden, wenn Sie annehmen, denn Sie werden ihn mit einer nicht großen, aber sichern Majorität besiegen.

Oberst. Ist uns denn diese Majorität sicher?

Senden. Ich glaube mich dafür verbürgen zu können Blumenberg und die anderen Herren haben sehr genaue Prüfungen angestellt.

Oberst. Dem Professor wäre es ganz recht, wenn er vor mir retirieren müßte. — Aber nein, — nein, es geht doch nicht, mein Freund.

Senden. Wir wissen, Herr Oberst, welches Opfer wir Ihnen zumuten, und daß Sie nichts dafür entschädigen kann, als das Bewußtsein, dem Vaterlande einen großen Dienst geleistet zu haben.

Oberst. Allerdings.

Senden. So würde man das auch in der Residenz ansehen, und ich bin überzeugt, daß Ihr Eintritt in die Kammer noch in andern Kreisen als bei Ihren zahlreichen Freunden und Verehrern große Freude hervorrufen wird.

Oberst. Ich würde viele alte Freunde und Kameraden dort treffen. (Für sich) Ich würde bei Hofe präsentiert werden.

Senden. Neulich erkundigte sich der Kriegsminister mit großer Wärme nach Ihnen; auch er muß ein Kriegskamerad von Ihnen sein.

Oberst. Freilich, wir standen als junge Hähne bei derselben Compagnie und haben manchen tollen Streich miteinander gemacht. Es wäre mir ein Vergnügen, zu sehen, wie er in der Kammer sein ehrliches Gesicht in finstere Falten zieht; er war beim Regiment ein wilder Teufel, aber ein braver Junge.

Senden. Und er wird nicht der einzige sein, welcher Sie mit offenen Armen empfängt.

Oberst. Jedenfalls müßte ich die Sache überlegen.

Senden. Zürnen Sie nicht, Herr Oberst, wenn ich Sie dränge, sich für uns zu entscheiden. Heut abend müssen wir der eingeladenen Bürgerschaft ihren Abgeordneten vorstellen, es ist die höchste Zeit, wenn nicht alles verloren sein soll.

Oberst (unsicher). Senden, Sie setzen mir das Messer an die Kehle.

(**Senden** winkt die Herren von der Gartenthür näher heran.)

Blumenberg. Wir wagen, in Sie zu dringen, weil wir wissen, daß ein so guter Soldat, wie Sie, Herr Oberst, seinen Entschluß schnell faßt.

Oberst (nach innerem Kampfe). Nun so sei es, meine Herren, ich nehme an. Sagen Sie dem Komitee, daß ich das Vertrauen zu schätzen weiß. Heut abend besprechen wir das nähere.

Blumenberg. Wir danken Ihnen, Herr Oberst, die ganze Stadt wird Ihren Entschluß mit Freuden vernehmen.

Oberst. Auf Wiedersehen heut abend! (Die Herren ab; Oberst allein, nachdenkend) Ich hätte doch nicht so schnell annehmen sollen. — Aber ich mußte dem Kriegsminister den Gefallen thun. — Was werden die Mädchen dazu sagen; und Oldendorf?

Oldendorf.

Da ist er selbst! (räuspert sich). — Er wird sich wundern, ich kann ihm nicht helfen, er muß zurücktreten. Guten Tag, Professor, Sie kommen gerade recht.

Oldendorf (eilig). Herr Oberst, in der Stadt erzählt man sich, die Partei des Herrn von Senden habe Sie als Wahlkandidaten aufgestellt; ich bitte Sie selbst um die Versicherung, daß Sie eine solche Wahl nicht annehmen würden.

Oberst. Wenn mir ein Antrag gemacht worden wäre, warum sollte ich ihn nicht annehmen, so gut wie Sie? ja eher als Sie; denn die Motive, welche mich bestimmen könnten, sind jedenfalls stichhaltiger als Ihre Gründe.

Oldendorf. Also ist doch etwas an dem Gerücht?

Oberst. Gerade heraus, es ist die Wahrheit, ich habe angenommen, Sie sehen in mir Ihren Gegner.

Oldendorf. Das ist das Schlimmste von allem, was unser Verhältnis bis jetzt getrübt hat. — Herr Oberst, konnte nicht die Erinnerung an eine Freundschaft, welche Jahre lang herzlich und ungestört war, Sie bewegen, diesen widerwärtigen Kampf zu vermeiden?

Oberst. Ich konnte nicht anders, Oldendorf, glauben Sie mir; an Ihnen ist es jetzt, sich unserer alten Freundschaft zu erinnern. Sie sind der jüngere Mann, von andern Beziehungen zu schweigen, an Ihnen ist es jetzt, zurückzutreten.

Oldendorf (eifriger). Herr Oberst, ich kenne Sie seit Jahren, ich weiß, wie lebhaft und warm Sie empfinden, und wie wenig Ihr feuriges Gefühl geeignet ist, den kleinen Ärger der Tagespolitik, den aufreibenden Kampf der Debatte zu ertragen. O, mein würdiger Freund, hören Sie auf meine Bitten und nehmen Sie Ihre Einwilligung zurück.

Oberst. Lassen Sie das meine Sorge sein; ich bin ein alter Stamm aus hartem Holz. — Denken Sie an sich selbst, lieber Oldendorf, Sie sind jung, Sie haben als Gelehrter einen Ruf, Ihre Wissenschaft sichert Ihnen jede Art von Erfolg. Wozu wollen Sie in einer andern Thätigkeit sich statt Ehre und Anerkennung nichts als Haß, Spott und Zurücksetzung holen? Denn bei Ihren Ansichten werden die nicht ausbleiben. Denken Sie daran. Sein Sie verständig und treten Sie zurück.

Oldendorf. Herr Oberst, wenn ich meinen Wünschen folgen dürfte, ich thäte es auf der Stelle. Ich bin aber in diesem Kampfe an meine Freunde gebunden, ich darf jetzt nicht zurücktreten.

Oberst (eifrig). Und ich darf auch nicht zurücktreten, um der guten Sache nicht zu schaden. Da sind wir so weit wie im Anfange. (Für sich) Der Trotzkopf! — (Beide gehen an verschiedenen Seiten der Bühne auf und ab.) Sie haben aber keine Aussicht gewählt zu werden, Oldendorf; es ist sicher, daß die Majorität der Stimmen meinen Freunden angehört; Sie setzen sich einer öffentlichen Niederlage aus. (Gutmütig) Ich möchte nicht, daß Sie vor allen Leuten durch mich geschlagen werden, das giebt Geschwätz und Skandal. Denken Sie doch daran! Es ist ganz unnütz, daß Sie erst zum Zweikampf herausfordern.

Oldendorf. Selbst wenn das alles so sicher wäre, als Sie annehmen, Herr Oberst, würde ich doch bis zur Entscheidung aushalten müssen. Aber soweit ich die Stimmung beurteilen kann, ist das Resultat gar nicht so sicher. Und bedenken Sie, Herr Oberst, wenn der Fall eintritt, daß Sie unterliegen, —

Oberst (ärgerlich). Ich sage Ihnen, er tritt nicht ein.

Oldendorf. Wenn es aber doch so käme? Wie widerwärtig wäre das für uns beide! Mit welchen

Empfindungen würden Sie mich da ansehen! Eine Niederlage wäre meinem Herzen vielleicht willkommen, Ihnen würde sie tiefe Kränkung sein. Und, Herr Oberst, ich fürchte diese Möglichkeit.

Oberst. Eben deshalb sollen Sie zurücktreten.

Oldendorf. Ich darf nicht mehr, Sie aber können es noch.

Oberst (heftig). Donnerwetter, Herr, ich habe ja gesagt, ich bin nicht der Mann, ein Nein darauf zu setzen. — (Beide gehen auf und ab.) So wären wir am Ende, Herr Professor. Meine Wünsche gelten Ihnen nichts, ich hätte das wissen können. Ein jeder von uns gehe seinen Weg. — Wir sind öffentliche Gegner geworden, wir wollen einander ehrliche Feinde sein.

Oldendorf (die Hand des Obersten ergreifend). Herr Oberst, ich halte diesen Tag für einen sehr unglücklichen, denn ich sehe Trauriges auf ihn folgen. Bewahren Sie sich unter allen Umständen die Überzeugung, daß meine Liebe und Anhänglichkeit an Sie durch nichts zu erschüttern ist.

Oberst. Zuletzt ist unsere Position wie vor einer Schlacht. Sie wollen sich von einem alten Militär schlagen lassen, Sie sollen Ihren Willen haben.

Oldendorf. Ich bitte um die Erlaubnis, unser Gespräch Fräulein Ida mitzuteilen.

Oberst (etwas unruhig). Es ist besser, Sie thun das jetzt nicht, Herr Professor; es wird sich schon eine Gelegenheit finden. Vorläufig sind die Damen bei der Toilette, ich selbst werde ihnen das Nötige sagen.

Oldendorf. Leben Sie wohl, Herr Oberst, und denken Sie meiner ohne Groll.

Oberst. Ich werde das Mögliche darin thun, Herr

Professor. (Oldendorf ab.) — Er hat nicht nachgegeben. Was für ein Ehrgeiz in diesen Gelehrten sitzt!

Ida, Adelheid.

Ida. War das nicht Oldendorfs Stimme?

Oberst. Ja, mein Kind!

Adelheid. Und er ist wieder fort? Ist etwas vorgefallen?

Oberst. Allerdings, ihr Mädchen. Kurz heraus, nicht Oldendorf wird Abgeordneter der Stadt, sondern ich.

Adelheid } (zugleich). Sie, Herr Oberst?
Ida } Sie, Vater?

Ida. Ist Oldendorf zurückgetreten?

Adelheid. Ist die Wahl vorüber?

Oberst. Keins von beidem. Oldendorf hat seine vielgepriesene Anhänglichkeit an uns dadurch bewiesen, daß er nicht zurückgetreten ist, und der Tag der Wahl ist noch nicht vorüber. Doch ist nach allem, was ich höre, kein Zweifel, daß Oldendorf unterliegt.

Ida. Und Sie, mein Vater, sind vor aller Welt sein Gegner geworden?

Adelheid. Und was hat Oldendorf dazu gesagt, Herr Oberst?

Oberst. Macht mir den Kopf nicht warm, ihr Mädchen! — Oldendorf war hartnäckig, sonst hat er eine gute Haltung gezeigt und von der Seite ist alles in Ordnung. Die Gründe, welche mich bestimmt haben das Opfer zu bringen, sind sehr wichtig, ich werde sie euch ein ander Mal auseinandersetzen. Die Sache ist entschieden, ich habe angenommen, das laßt euch jetzt genügen.

Ida. Aber, lieber Vater —

Oberst. Laß mich in Ruhe, Ida, ich habe an anderes zu denken. Heut abend soll ich öffentlich sprechen, das ist einmal der Brauch bei solchen Wahlen. — Sorge nicht, mein Kind, wir wollen schon mit dem Professor und seinem Anhange fertig werden. (Oberst ab nach dem Garten.)

Ida (und Adelheid stehen einander gegenüber und ringen die Hände; Ida:) Was sagst du dazu?

Adelheid. Du bist die Tochter, was sagst du?

Ida. Nein! der Vater! Kaum hat er uns gründlich auseinandergesetzt, was für kleine Mäntel der Ehrgeiz bei Wahlen umnimmt —

Adelheid. Ja, er hat sie recht anschaulich beschrieben, alle Hüllen und Burnusse der Eitelkeit.

Ida. Und in der nächsten Stunde darauf läßt er sich selbst den Mantel umhängen. Das ist ja schrecklich! — Und wenn der Vater nicht gewählt wird? Es war unrecht von Oldendorf, daß er der Schwäche des Vaters nicht nachgegeben hat. Ist das Ihre Liebe zu mir, Herr Professor? Auch er hat nicht an mich gedacht!

Adelheid. Weißt du was? Wir wollen wünschen, daß sie beide durchfallen. Diese Politiker! — Es war schlimm genug für dich, als nur einer Politik trieb; jetzt, da sie beide von dem sinnbethörenden Trank trinken, bist du auf alle Fälle geliefert. Wenn ich jemals in die Lage käme, einen Mann zu meinem Herrn zu machen, ich würde ihm nur eine Bedingung stellen, die weise Lebensregel meiner alten Tante: Rauchen Sie Tabak, mein Gemahl, soviel Sie wollen, er verdirbt höchstens die Tapeten, aber unterstehen Sie sich nicht, jemals eine Zeitung anzusehen, das verdirbt Ihren Charakter.

Korb (an der Thür).

Was bringen Sie, Korb?

Korb (eilig, geheimnisvoll). Es ist nicht wahr!

Adelheid (ebenso). Was ist nicht wahr?

Korb. Daß er eine Braut hat, er denkt nicht daran; sein Freund sagt, er hat nur eine Geliebte.

Adelheid (eifrig). Wer ist die?

Korb. Seine Zeitung!

Adelheid (erleichtert). Ah so! (Laut) Da kann man sehen, wie viel Unwahres die Menschen sprechen. Es ist gut, lieber Korb! (Korb ab.)

Ida. Was ist unwahr?

Adelheid (seufzend). Ach, daß wir Frauen klüger sind, als die Männer, wir reden ebenso weise, und ich fürchte, wir haben ebenso große Lust, bei der ersten Gelegenheit unsere Weisheit zu vergessen. Wir sind alle zusammen arme Sünder!

Ida. Du kannst scherzen, du hast nie empfunden, daß der Vater und der geliebte Freund einander feindlich gegenüberstehen.

Adelheid. Meinst du? — Ich habe aber eine gute Freundin gehabt, die hatte ihr Herz thörichterweise an einen hübschen, übermütigen Burschen gehängt, sie war damals noch ein Kind, und es war ein sehr rührendes Verhältnis. Ritterliche Huldigung von seiner Seite und zarte Seufzer von der ihren. Da hatte die junge Heldin das Unglück, eifersüchtig zu werden, und sie vergaß Poesie und Anstand so weit, dem erwählten Ritter ihres Herzens einen Backenstreich zu geben. Es war nur ein ganz kleiner Backenstreich, aber er wurde verhängnisvoll. Der Vater der jungen

Dame hatte ihn gesehen und forderte Erklärung. Da that der junge Ritter, was ein echter Held thun muß, er nahm die ganze Schuld auf sich und sagte dem erschrockenen Vater, er habe von der Dame einen Kuß gefordert — der arme Junge! so anmaßend war er nie! — ein Schlag sei die Antwort gewesen. Der Vater war ein strenger Mann, er mißhandelte den Jüngling. Der Held wurde aus seiner Familie, aus seiner Heimat entfernt und die Heldin saß einsam in ihrem Burgsöller und weinte um den Verlorenen.

Ida. Sie hätte ihrem Vater die Wahrheit sagen sollen.

Adelheid. O, das that sie, aber ihr Geständnis machte das Übel ärger. Seit der Zeit sind viele Jahre vergangen, und der Ritter und seine Dame sind jetzt alte Leute und sehr verständig.

Ida (lächelnd). Und haben sie einander nicht mehr lieb, weil sie verständig sind?

Adelheid. Liebes Kind, wie der Herr denkt, kann ich dir so genau nicht sagen; er hat dem Fräulein nach dem Tode ihres Vaters einen sehr schönen Brief geschrieben, weiter weiß ich nichts; aber die Dame hat mehr Vertrauen, als du, sie hofft noch immer. (Ernst) Ja, sie hofft, und ihr Vater hat ihr das vor seinem Tode selbst erlaubt, — du siehst, sie hofft noch.

Ida (sie umarmend). Und wer ist der Verstoßene, auf den sie hofft?

Adelheid. Still, mein Liebchen, das ist ein finsteres Geheimnis. Nur wenig lebende Menschen wissen darum; und wenn die Vögel auf den Bäumen von Rosenau einander davon erzählen, so behandeln sie die Geschichte als eine dunkle Sage ihrer Vorfahren, sie singen dann leise und klagend und ihre Federn sträuben sich vor Ehrfurcht. — Zu seiner Zeit sollst du alles erfahren, jetzt denke an das Fest, und wie hübsch du aussehen wirst.

Ida. Hier der Vater, dort der Geliebte, wie soll das enden?

Adelheid. Sei ohne Sorgen. Der eine ist ein alter Soldat, der andere ein junger Staatsmann, dergleichen öffentliche Charaktere sind zu allen Zeiten von uns Frauen um den kleinen Finger gewickelt worden. (Beide ab.)

Zweite Scene.

Seitenzimmer eines öffentlichen Saales. Die Hinterwand eine Reihe Säulen und Pfeiler, zwischen denen man in den erleuchteten Saal sieht und dahinter in einen zweiten. Vorn links eine Thür, rechts Tische und Stühle; Kronleuchter; später von Zeit zu Zeit ferne Musik.

Im Saal **Herren** und **Damen** stehend, oder in Gruppen auf- und abgehend. **Senden, Blumenberg,** hinter diesen **Schmock** aus dem Saal.

Senden. Alles geht gut. Ein superber Geist in der Gesellschaft. Diese guten Bürger sind entzückt über unser Arrangement. — Das mit dem Fest war ein vortrefflicher Gedanke von Ihnen, Blumenberg.

Blumenberg. Machen Sie nur, daß die Leute schnell warm werden. Etwas Musik thut zum Anfang gute Dienste, am besten sind Wiener Tänze wegen der Frauen. Dann kommt eine Rede von Ihnen, dann einige Gesangstücke, und beim Essen die Vorstellung des Obersten und die Gesundheiten! Es kann nicht fehlen, die Leute müssen Herzen von Stein haben, wenn sie ihre Stimmen nicht geben zum Dank für ein solches Fest.

Senden. Die Gesundheiten sind verteilt.

Blumenberg. Aber die Musik? Warum schweigt die Musik?

Senden. Ich warte bis zur Ankunft des Obersten.

Blumenberg. Er muß mit einem Tusch empfangen werden; das wird ihm schmeicheln, wissen Sie.

Senden. So ist's bestellt. Gleich darauf beginnt ein Marsch und wir führen ihn im Zuge ein.

Blumenberg. Sehr gut! Das giebt dem Eintritt die Feierlichkeit. Denken Sie nur an Ihre Rede; sein Sie populär, denn wir sind heut unter dem großen Haufen.

Gäste, unter ihnen **Henning.**

Senden (mit **Blumenberg** die Honneurs machend). Sehr erfreut, Sie hier zu sehen. — Wir wußten, daß Sie uns nicht fehlen würden. — Ist dies Ihre Frau Gemahlin?

Gast. Ja, dieses ist meine Frau, Herr von Senden.

Senden. Auch Sie bei uns, Herr Henning? Sein Sie willkommen, werter Herr!

Henning. Ich bin durch meinen Freund eingeladen, und war doch neugierig. Ich hoffe, mein Hiersein wird niemandem unangenehm sein?

Senden. Im Gegenteil, wir sind entzückt, Sie hier zu begrüßen. (**Gäste** ab durch die Mittelthür, **Senden** im Gespräch mit ihnen ab.)

Blumenberg. Er versteht's die Leute zu treiben. Das sind die guten Manieren dieser Herren. Er ist nützlich; er ist auch mir nützlich; er treibt die andern und ich treibe ihn. (Sich umwendend, Schmock erblickend, der sich an der Thür umherbewegt.) Was thun Sie hier? was stehen Sie und horchen? Sie sind kein Thorschreiber von der Accise.

Machen Sie, daß Sie nicht in meiner Nähe bleiben. Verteilen Sie sich in der Gesellschaft.

Schmock. Zu wem soll ich gehen, wenn ich keine Bekannten habe unter all den Leuten? Sie sind meine einzige Bekanntschaft.

Blumenberg. Wozu brauchen Sie den Leuten zu sagen, daß ich Ihre Bekanntschaft bin? Es ist mir keine Ehre, neben Ihnen zu stehen.

Schmock. Wenn es keine Ehre ist, so ist es auch keine Schande. Ich kann auch gehen allein.

Blumenberg. Haben Sie Geld, daß Sie etwas verzehren können? Gehen Sie zum Restaurateur und lassen Sie sich etwas geben auf meinen Namen. Das Komitee wird's bezahlen.

Schmock. Ich will nicht hingehen zu essen. Ich brauche nichts auszugeben, ich habe gegessen. (Ferner Tusch und Marsch, **Blumenberg** ab. **Schmock** allein, nach vorn, heftig) Ich haff' ihn, ich will's ihm sagen, daß ich ihn hasse und daß ich ihn verachte im Grund meines Herzens. (Wendet sich zum Gehen, umkehrend) Ich kann's ihm doch nicht sagen, denn er streicht mir dann alles in meiner Korrespondenz, die ich ihm für die Zeitung mache. Ich will sehen, ob ich's kann hinunterschlucken. (Ab durch die Mittelthür.)

Bolz, Kämpe, Bellmaus (zur Seitenthür herein).

Bolz (einmarschierend). Da sind wir im Hause der Capulet. — (Pantomime des Degeneinsteckens) Verbergt eure Schwerter unter Rosen, blas't eure Bäckchen auf und seht so dumm und unschuldig aus als möglich. Vor allem fangt mir keine Händel an, und wenn ihr diesem Tybald, dem Senden, begegnet, so seid so gut und drückt euch um die Ecke. (Man sieht die Polonaise durch die hintern Säle gehn.) — Du Romeo Bellmaus, nimm dich vor den Weibsen in acht, ich sehe dort mehr Locken flattern und Taschentücher schwenken, als für deine Gemütsruhe gut ist.

Kämpe. Wetten wir eine Flasche Champagner, wenn einer von uns Händel bekommt, so sind Sie der eine.

Bolz. Möglich, aber ich verspreche Ihnen, daß Sie Ihren Anteil daran sicher erhalten sollen. — Jetzt hört meinen Operationsplan. Sie Kämpe —

Schmock.

Halt, wer ist das? — Wetter, das Faktotum des Coriolan! unser Inkognito hat nicht lange gedauert.

Schmock (der vor den letzten Worten an der Thür beobachtend sichtbar gewesen, vortretend). Ich wünsche einen angenehmen Abend, Herr Bolz.

Bolz. Ich wünsche dasselbe in noch angenehmerer Qualität, Herr Schmock.

Schmock. Könnte ich nicht ein paar Worte mit Ihnen sprechen?

Bolz. Ein paar? Fordern Sie nicht zu wenig, edler Waffenträger des Coriolan. Zwei Dutzend Worte sollen Sie haben, aber nicht mehr.

Schmock. Könnten Sie mir nicht Beschäftigung geben bei Ihrer Zeitung?

Bolz (zu Kämpe und Bellmaus). Hört ihr? Bei unserer Zeitung? Hm! du forderst viel, edler Römer!

Schmock. Ich hab's satt bei dem Coriolan. — Ich wollte Ihnen alles machen, was Sie zu thun haben. Ich möchte gern bei honetten Menschen sein, wo man seinen Verdienst hat und eine anständige Behandlung.

Bolz. Was verlangen Sie von uns, Sklave Roms? Wir sollten Sie Ihrer Partei entziehen? Nimmermehr! Wir sollten Ihren politischen Überzeugungen Gewalt anthun? Sie zum Abtrünnigen machen? Wir sollten die Schuld tragen, daß Sie zu unserer Partei kämen? Niemals! Unser Gewissen ist zart, es empört sich gegen Ihren Vorschlag.

Schmock. Wozu machen Sie sich Sorgen um das? Ich habe bei dem Blumenberg gelernt, in allen Richtungen zu schreiben. Ich habe geschrieben links, und wieder rechts. Ich kann schreiben nach jeder Richtung.

Bolz. Ich sehe, Sie haben Charakter. Ihnen kann's in unserer Zeit gar nicht fehlen. Ihr Anerbieten ehrt uns, aber wir können es jetzt nicht annehmen. Eine so welterschütternde Begebenheit, wie Ihr Übertritt, will reiflich erwogen sein. — Unterdes sollen Sie Ihr Vertrauen keinem fühllosen Barbaren geschenkt haben. — (Beiseite zu den andern) Vielleicht ist etwas aus ihm herauszulocken! — Bellmaus, du hast das beste Herz unter uns dreien, du mußt dich heut seiner annehmen.

Bellmaus. Was soll ich denn aber mit ihm anfangen?

Bolz. Führe ihn nach der Restauration, setze dich mit ihm in eine Ecke und gieße ihm Punsch in alle Löcher seines armen Kopfes, bis seine Geheimnisse herausspringen wie nasse Mäuse. Mache ihn schwatzen, besonders über die Wahlen. Geh, Kleiner, und sei hübsch vorsichtig, daß du nicht selbst warm wirst und plauderst.

Bellmaus. Auf die Art werde ich von dem Fest nicht viel sehen.

Bolz. Das wirst du nicht, mein Sohn! Aber was

haſt du an dem Feſt? Hitze, Staub und alte Tanzmuſik! Übrigens werden wir dir morgen alles erzählen und zuletzt biſt du Dichter und kannſt dir das Ganze viel ſchöner vorſtellen, als es in der Wirklichkeit iſt. Deshalb gräme dich nicht. Deine Rolle ſcheint undankbar, aber ſie iſt die wichtigſte von allen, denn ſie erfordert Kälte und Schlauheit. Geh, meine Maus, und hüte dich vor Erhitzung.

Bellmaus. Ich werde mich hüten, mein Herr Kater. — Kommen Sie, Schmock. (Bellmaus und Schmock ab.)

Bolz. Es wird gut ſein, wenn auch wir uns trennen.

Hämpe. Ich gehe die Stimmung beobachten. Wenn ich Sie brauche, werde ich Sie aufſuchen.

Bolz. Ich darf mich nicht viel zeigen, ich bleibe hier in der Nähe. (Kämpe ab.) Endlich allein! (Geht an die Mittelthür) Dort ſteht der Oberſt, von einem dichten Kreis umgeben! Sie iſt es! — Sie iſt hier, und ich muß im Verſteck liegen, wie ein Fuchs unter Blättern! — Aber ſie hat Falkenaugen, — vielleicht — der Knäuel löſt ſich, ſie geht mit Ida Arm in Arm durch den Saal, — (lebhaft) ſie kommen näher! — (ärgerlich) O weh! Da ſtürzt Korb auf mich zu! Gerade jetzt!

Korb.

Korb. Herr Konrad, ich traue meinen Augen nicht, Sie hier, auf dieſem Feſt?

Bolz (eilig). Still, Alter, ich bin nicht ohne Grund hier. Ihnen kann ich mich anvertrauen, Sie gehören ja zu uns.

Korb. Mit Leib und Seele. In all dem Gerede und Gefiedel rufe ich immer im ſtillen: Vivat die Union! Hier ſteckt ſie (zeigt eine Zeitung in der Taſche).

Bolz. Gut, Korb, Sie können mir einen großen Gefallen thun. In einer Ecke der Restauration sitzt Bellmaus neben einem Fremden. Er soll den Fremden aushorchen, kann aber selbst nicht viel vertragen und kommt leicht ins Schwatzen. Sie thun der Partei einen großen Gefallen, wenn Sie eilig hingehen und Punsch trinken, um den Bellmaus zu unterstützen. Daß Sie fest sind, weiß ich aus alter Zeit.

Korb (eilig). Ich gehe. — Sie haben doch immer noch Ihre Finten im Kopf. Verlassen Sie sich auf mich, der Fremde soll unterliegen, und die Union soll triumphieren. (Schnell ab. Musik schweigt.)

Bolz. Armer Schmock! — (An der Thür) Ah, sie gehen noch durch den Saal, Ida wird angeredet, sie bleibt stehen, Adelheid geht weiter, (lebhaft) sie kommt, sie kommt allein?

Adelheid.

Adelheid (wie an der Thür vorbeigehend, tritt schnell herein. Bolz verneigt sich). Konrad! lieber Herr Doktor! (hält ihm die Hand hin).

Bolz (neigt sich tief auf ihre Hand).

Adelheid (in freudiger Bewegung). Ich habe Sie sogleich aus der Ferne erkannt. Zeigen Sie mir Ihr treues Gesicht! Ja, es hat sich wenig verändert. Eine Narbe, etwas mehr Braun und eine kleine Falte am Mund; — ich hoffe, die ist vom Lachen.

Bolz. Wenn mir gerade jetzt etwas anderes näher ist als Lachen, so ist das nur eine vorübergehende Bosheit meiner Seele. Ich sehe mich doppelt, wie ein melancholischer Hochländer. Mit Ihnen tritt meine lange glückliche Kinderzeit leibhaftig vor meine Augen; alles, was sie von Freude und Schmerz gebracht, fühle ich so lebhaft wieder, als wäre ich noch der Knabe, der einst für Sie auf Abenteuer in den Wald zog und Rotkehlchen fing. — Und doch ist die schöne Gestalt, welche ich vor mir sehe, von der Gespielin so verschieden, daß ich merke, es ist nur ein holder Traum, den ich träume. — Ihre Augen glänzen so freundlich wie sonst, aber — (sich leicht verneigend) ich habe kaum noch das Recht, an alte Träume zu denken.

Adelheid. Auch ich habe mich vielleicht nicht so verändert, als Sie glauben. — Und wie wir beide auch verwandelt sind, gute Freunde sind wir geblieben, nicht wahr, Herr Doktor?

Bolz. Bevor ich den kleinsten Teil des Rechtes aufgebe, das ich an Ihre Teilnahme habe, will ich lieber boshafte Artikel gegen mich selbst schreiben und drucken und austragen.

Adelheid. Und doch sind Sie so stolz geworden, daß Sie Ihre Freundin bis heut noch nicht in der Stadt aufgesucht haben. Warum sind Sie dem Hause des Obersten fremd?

Bolz. Ich bin ihm nicht fremd. Im Gegenteil, ich habe dort eine sehr achtbare Stellung, welche ich am besten dadurch erhalte, daß ich so wenig als möglich hingehe. Der Oberst und zuweilen auch Fräulein Ida beschwichtigen ihren Unwillen gegen Oldendorf und die Zeitung gern dadurch, daß sie in mir den Übelthäter mit Hörnern und Klauen sehen. Ein so zartes Verhältnis will mit Schonung behandelt sein, ein Teufel darf sich nicht dadurch gemein machen, daß er alle Tage erscheint.

Adelheid. Ich bitte Sie aber jetzt, diese hohe Stellung aufzugeben. Ich bleibe den Winter über in der Stadt und ich hoffe, Sie werden Ihrer Jugendfreundin zuliebe als ein Bürger dieser Welt bei meinen Freunden auftreten.

Bolz. In jeder Rolle, welche Sie mir zuteilen.

Adelheid. Auch in der eines Friedensboten zwischen dem Obersten und Oldendorf?

Bolz. Wenn der Friede nur dadurch zu erkaufen ist, daß Oldendorf zurücktritt, nein — sonst aber bin ich zu allen guten Werken erbötig.

Adelheid. Und ich fürchte, daß der Friede gerade nur für diesen Preis zu erkaufen ist. — Sie sehen, Herr Konrad, auch wir sind Gegner geworden.

Bolz. Etwas gegen Ihren Willen zu thun, ist mir entsetzlich, so sehr ich auch Höllensohn bin. — Also meine Heilige wünscht und fordert, daß Oldendorf nicht Deputierter werde?

Adelheid. Ich wünsche und fordere es, mein Herr Teufel!

Bolz. Es ist hart. Sie haben in Ihrem Himmel so viele Herren, mit denen Sie Fräulein Ida beschenken können; warum müssen Sie einem armen Teufel gerade seine einzige Seele, den Professor, entführen?

Adelheid. Gerade den Professor will ich haben und Sie sollen mir ihn überlassen.

Bolz. Ich bin in Verzweiflung, ich würde mir die Haare raufen, wenn die Örtlichkeit nicht so ungünstig wäre. Ich fürchte Ihren Unwillen, ich zittre bei dem Gedanken, daß diese Wahl Ihnen unlieb sein könnte.

Adelheid. So suchen Sie die Wahl zu verhindern!

Bolz. Das kann ich nicht, aber sobald sie vorüber ist, wird mein Schicksal sein, über Ihren Unwillen zu trauern und schwermütig zu werden. Ich werde mich aus der Welt zurückziehen, weitweg bis zum stillen Nordpol; dort werde ich während dem Rest meiner Tage traurig mit Eisbären Domino spielen und unter den Robben die Anfänge journalistischer Bildung verbreiten. Das wird leichter zu ertragen sein als ein zürnender Blick Ihrer Augen.

Adelheid (lachend). Ja, so waren Sie immer. Sie versprachen alles Mögliche und handelten stets nach Ihrem Kopf. — Bevor Sie aber nach dem Nordpol reisen, versuchen Sie vielleicht noch einmal, mich hier zu versöhnen. — (**Kämpe** an der Thür sichtbar.) Still! — Ich erwarte Ihren Besuch, leben Sie wohl, mein wiedergefundener Freund! — (Ab.)

Bolz. Dort kehrt mir mein guter Engel zürnend den Rücken! — Jetzt bin ich rettungslos dir verfallen, du Hexe Politik! (Schnell ab durch die Mitte.)

Piepenbrink, Frau **Piepenbrink**, **Bertha** von **Fritz Kleinmichel** geführt, **Kleinmichel** (durch die Mittelthür). Quadrille hinter der Scene.

Piepenbrink. Gott sei Dank, daß wir aus diesem Gedränge heraus sind.

Frau Piepenbrink. Es ist sehr heiß.

Kleinmichel. Und die Musik ist zu laut, es sind zu viel Trompeten dabei, und die Trompeten sind mir zuwider.

Piepenbrink. Hier ist ein ruhiger Ort, hier wird hergesetzt.

Fritz. Bertha möchte noch in dem Saal bleiben, könnte ich nicht mit ihr umkehren?

Piepenbrink. Ich habe nichts dagegen, daß ihr jungen Leute in den Saal zurückgeht, aber es ist mir lieber, wenn ihr bei uns bleibt. Ich habe gern alle meine Leute beisammen.

Frau Piepenbrink. Bleibe bei deinen Eltern, mein Kind!

Piepenbrink. Setzt euch! (Zu seiner Frau) Du setze dich an die Ecke, Fritz kommt neben mich. Nehmt Bertha zwischen euch, Nachbarn, sie wird doch nächstens an euren Tisch kommen. (Setzen sich an den Tisch rechts, an die linke Ecke Frau Piepenbrink, dann er selbst, Fritz, Bertha, Kleinmichel.)

Fritz. Wann wird das Nächstens sein, Herr Pate? Sie sagen das schon lange, und schieben den Hochzeitstag immer wieder hinaus.

Piepenbrink. Das geht dich nichts an.

Fritz. Ich dächte doch, Herr Pate, ich bin's ja, der Bertha heiraten will.

Piepenbrink. Das ist was rechts. Das kann jeder wollen. Aber ich soll sie dir geben, Junge, und das will mehr sagen, denn es wird mir schwer genug, die kleine Bachstelze aus meinem Nest zu lassen. Darum warte. Du sollst sie haben, aber warte!

Kleinmichel. Er wird warten, Nachbar!

Piepenbrink. Das will ich ihm auch geraten haben. — He! Kellner, Kellner!

Frau Piepenbrink. Was diese Bedienung an solchen Orten schlecht ist!

Piepenbrink. Kellner! (Kellner kommt.) — Ich heiße Piepenbrink! — Ich habe sechs Flaschen von meinem Wein mitgebracht. Sie stehen beim Restaurateur, ich will sie herhaben. (Indem der Kellner Flaschen und Gläser herzuholt, treten auf:)

Bolz, Kämpe (an der Thür, **Kellner** ab und zu im Hintergrunde).

Bolz (beiseite zu Kämpe). Welcher ist es?

Kämpe. Der uns den Rücken zukehrt, der mit den breiten Schultern.

Bolz. Und was hat er für eine Art von Geschäft?

Kämpe. Meist Rotweine.

Bolz. Gut. (Laut) Kellner, einen Tisch und zwei Stühle hierher! eine Flasche Rotwein! (Der Kellner bringt das Geforderte nach dem Vordergrunde links.)

Frau Piepenbrink. Was wollen die hier?

Piepenbrink. Das ist das Unbequeme bei solchen zusammengebetenen Gesellschaften, daß man nirgend allein bleiben kann.

Kleinmichel. Es scheinen anständige Herren; ich glaube, den einen habe ich schon gesehen.

Piepenbrink (entschieden). Anständig oder nicht, uns sind sie unbequem.

Kleinmichel. Freilich sind sie das.

Bolz (sich mit Kämpe setzend). Da säßen wir in Ruhe vor einer Flasche Rotwein, mein Freund. Ich habe kaum den Mut einzuschenken, denn der Wein in solchen Restaurationen ist fast immer abscheulich. Was wird das nur für Zeug sein?

Piepenbrink (gereizt). So? hört doch!

Kämpe. Versuchen wir's. (Gießt ein, leise) Es ist ein P. P. auf dem Siegel, das könnte auch Piepenbrink bedeuten.

Piepenbrink. Ich bin doch neugierig, was diese Gelbschnäbel an dem Wein aussetzen werden.

Frau Piepenbrink. Sei ruhig, Philipp, man hört dich drüben.

Bolz (leise). Sie haben sicher recht, der Restaurateur nimmt seinen Wein von ihm; deshalb ist er auch hergekommen.

Piepenbrink. Sie scheinen keinen Durst zu haben, sie trinken nicht.

Bolz (kostet, laut). Nicht übel!

Piepenbrink (ironisch). So?

Bolz (kostet wieder). Ein reiner, guter Wein!

Piepenbrink (aufatmend). Der Mensch hat kein schlechtes Urteil.

Bolz. Aber er ist doch nicht zu vergleichen mit einem ähnlichen Wein, den ich neulich bei einem Freunde getrunken habe.

Piepenbrink. So?

Bolz. Seit der Zeit weiß ich, daß es nur einen Mann in der Stadt giebt, von dem ein gebildeter Weintrinker seine Rotweine holen darf.

Kämpe. Und der ist?

Piepenbrink (ironisch). Ich bin doch neugierig.

Bolz. Ein gewisser Piepenbrink.

Piepenbrink (zufrieden mit dem Kopfe nickend). Gut!

Kämpe. Ja, das Geschäft gilt allgemein für sehr respektabel.

Piepenbrink. Die wissen nicht, daß auch ihr Wein aus meinen Kellern ist. Hahaha!

Bolz (sich zu ihm wendend). Lachen Sie über uns, mein Herr?

Piepenbrink. Hahaha! Nichts für ungut, ich hörte Sie nur über den Wein sprechen. Also Piepenbrinks Wein schmeckt Ihnen besser als dieser da? Hahaha.

Bolz (mit gelinder Entrüstung). Mein Herr, ich muß Sie ersuchen, meine Ausdrücke weniger komisch zu finden. Ich kenne den Herrn Piepenbrink nicht, aber ich habe das Vergnügen, seinen Wein zu kennen, und deshalb wiederhole ich die Behauptung, daß Piepenbrink bessern Wein in seinem Keller hat, als dieser hier ist. Warum finden Sie das lächerlich? Sie kennen die Weine von Piepenbrink nicht und haben gar kein Recht zu urteilen.

Piepenbrink. Ich kenne Piepenbrinks Weine nicht, ich kenne auch Philipp Piepenbrink nicht, ich habe seine Frau nie gesehen, merkst du, Lotte? und wenn mir seine Tochter Bertha begegnet, so frage ich: wer ist dieser kleine Schwarzkopf? Das ist eine lustige Geschichte. Nicht wahr, Kleinmichel? (lacht).

Kleinmichel. Es ist sehr lächerlich! (lacht).

Bolz (aufstehend, mit Würde). Mein Herr, ich bin Ihnen fremd und habe Sie nie beleidigt. Sie haben ein ehrenhaftes Aussehn und ich finde Sie in Gesellschaft liebenswürdiger Frauen. Deshalb kann ich nicht glauben, daß Sie hergekommen sind, um Fremde zu verhöhnen. Ich fordere also als Mann eine Erklärung von Ihnen, weshalb Sie meine harmlosen Worte so auffallend finden. Wenn Sie ein Feind von Herrn Piepenbrink sind, warum lassen Sie uns das entgelten?

Piepenbrink (aufstehend). Nur nicht hitzig, mein Herr! Merken Sie auf. Der Wein, welchen Sie hier trinken, ist auch aus Piepenbrinks Keller, und der Philipp Piepenbrink, dem zuliebe Sie auf mich losgehen, bin ich selbst. Jetzt begreifen Sie, warum ich lache.

Bolz. Ah! steht die Sache so? Sie sind Herr Piepenbrink selbst? — Nun, so freue ich mich aufrichtig,

Ihre Bekanntschaft zu machen. Nichts für ungut, verehrter Herr.

Piepenbrink. Nein, nichts für ungut. Es ist alles in Ordnung.

Bolz. Da Sie so freundlich waren, uns Ihren Namen zu nennen, so ist es auch in der Ordnung, daß Sie die unsern erfahren. Doktor der Philosophie Bolz und hier mein Freund, Herr Kämpe.

Piepenbrink. Freue mich.

Bolz. Wir sind ziemlich fremd in der Gesellschaft und haben uns in dies Nebenzimmer zurückgezogen, weil man seine Behaglichkeit unter den vielen fremden Gesichtern doch nicht hat. Es würde uns aber sehr leid thun, wenn wir durch unsere Nähe das Vergnügen der Damen und die Unterhaltung einer so achtbaren Gesellschaft irgend störten. Sagen Sie gerade heraus, wenn wir Ihnen unbequem sind, suchen wir uns einen andern Platz.

Piepenbrink. Sie scheinen ein fideler Mann und sind mir durchaus nicht unbequem, mein Herr Doktor Bolz — so war ja wohl der Name?

Frau Piepenbrink. Auch wir sind fremd hier und haben uns eben erst niedergesetzt. — Piepenbrink! (stößt ihn leise an).

Piepenbrink. Wissen Sie was, Herr Doktor, da Sie den gelbgesiegelten aus meinem Keller doch schon kennen und ein sehr verständiges Urteil abgegeben haben, wie wär's, wenn Sie ihn hier noch einmal versuchten? Die Sorte wird Ihnen besser schmecken. Setzen Sie sich zu uns, wenn Sie nichts anderes vorhaben, wir schwatzen dann eins zusammen.

Bolz (mit Haltung, wie in dieser ganzen Scene, in welcher er wie Kämpe durchaus nicht zudringlich erscheinen dürfen). Das ist ein sehr freundliches Anerbieten und wir nehmen es mit Dank an. Haben Sie die Güte, vortrefflicher Herr, uns mit Ihrer Gesellschaft bekannt zu machen.

Piepenbrink. Dies hier ist meine Frau.

Bolz. Zürnen Sie nicht über unser Eindringen, Madame, wir versprechen recht artig zu sein und so gute Gesellschafter, als zwei schüchternen Junggesellen nur möglich ist.

Piepenbrink. Hier meine Tochter!

Bolz (zu Frau Piepenbrink). Aus der Ähnlichkeit war das zu erraten.

Piepenbrink. Hier Herr Kleinmichel, mein Freund, und hier Fritz Kleinmichel, der Bräutigam meiner Tochter.

Bolz. Ich wünsche Ihnen Glück, meine Herren, zu einer so holden Nachbarschaft. (Zu Piepenbrink) Erlauben Sie mir, mich neben die Dame vom Hause zu setzen; Kämpe, ich dächte, Sie nähmen Platz neben dem Herrn Kleinmichel. (Setzen sich.) So ist bunte Reihe. — Kellner! (Der Kellner tritt zu ihm.) Zwei Flaschen von diesem hier!

Piepenbrink. Halt da! Den Wein finden Sie hier nicht, ich habe meine Sorte mitgebracht, Sie müssen mit mir trinken.

Bolz. Aber, Herr Piepenbrink —

Piepenbrink. Keine Einrede! Sie sollen mit mir trinken. Und wenn ich jemandem sage, er soll mit mir trinken, Herr, so meine ich nicht nippen, wie die Frauen, sondern trink aus, schenk ein. Danach mögen Sie sich richten.

Bolz. Gut, ich bin's zufrieden. Wir nehmen Ihre Gastfreundschaft so dankbar an, als sie herzlich geboten wird.

Aber Sie müssen mir dann erlauben, mich zu revanchieren. Am nächsten Sonntag sind Sie sämtlich meine Gäste, wollen Sie? Sagen Sie ja, mein gütiger Wirt! Punkt sieben Uhr freundschaftliches Abendessen, ich bin unverheiratet, also in einem anständigen ruhigen Hotel. Geben Sie Ihre Einwilligung, verehrte Frau, — schlagen Sie ein, Herr Piepenbrink, Sie auch, Herr Kleinmichel und Herr Fritz! (Hält allen die Hand hin.)

Piepenbrink. Wenn's meine Frau zufrieden ist, ich kann mir's wohl gefallen lassen.

Bolz. Angenommen, abgemacht. Und jetzt die erste Gesundheit: — Der gute Geist, welcher uns heut zusammengeführt hat, er soll leben — (herumfragend) wie heißt der Geist?

Fritz Kleinmichel. Der Zufall.

Bolz. Nein, er trägt eine gelbe Mütze.

Piepenbrink. Der gelbgesiegelte heißt er.

Bolz. Richtig. Er soll leben! Wir wünschen dem Herrn eine recht lange Dauer, wie die Katze zum Vogel sagte, als sie ihm den Kopf abbiß.

Kleinmichel. Wir lassen ihn leben, indem wir ihm den Garaus machen.

Bolz. Gut bemerkt. Vivat!

Piepenbrink. Vivat! (Sie stoßen an, Piepenbrink zu seiner Frau) Es wird heut noch gut.

Frau Piepenbrink. Es sind sehr bescheidne, nette Leute.

Bolz. Sie glauben gar nicht, wie froh ich bin, daß unser Glück uns in so gute Nachbarschaft geführt hat. Denn dort drin ist zwar alles sehr hübsch hergerichtet —

Piepenbrink. Alles, was wahr ist, es ist sehr anständig.

Bolz. Sehr anständig! Aber diese politische Gesellschaft ist doch nicht nach meinem Geschmack.

Piepenbrink. Ach so! Sie gehören wohl nicht zu der Partei, deshalb gefällt es Ihnen nicht.

Bolz. Das ist es nicht! Aber wenn ich mir denke, diese Leute sind nicht zusammengebeten, damit sie recht von Herzen vergnügt sind, sondern damit sie nächstens ihre Stimme dem oder jenem Herrn geben, so werde ich kalt.

Piepenbrink. So ist es doch wohl nicht gemeint. Darüber wäre noch zu reden; nicht wahr, Gevatter?

Kleinmichel. Ich hoffe, es wird hier keine Verpflichtung unterschrieben.

Bolz. Vielleicht auch nicht. Ich habe keine Stimme abzugeben, und ich lobe mir eine Gesellschaft, wo man an nichts anderes denkt, als sich mit seinem Nachbar zu freuen und aufmerksam zu sein gegen die Königinnen der Gesellschaft, gegen holde Frauen! Stoßen Sie an, meine Herren, auf das Wohl der Frauen, der beiden, welche unsern Kreis schmücken! (Alle stoßen an.)

Piepenbrink. Komm her, Lotte, du sollst leben!

Bolz. Mein Fräulein, erlauben Sie einem Fremden, auf das Glück Ihrer Zukunft anzustoßen.

Piepenbrink. Was wird denn eigentlich da drin noch vorgenommen?

Fritz Kleinmichel. Ich höre, bei Tische wird man Reden halten, und der Wahlkandidat, der Oberst Berg, soll vorgestellt werden.

Piepenbrink. Ein sehr respektabler Herr!

Kleinmichel. Ja, es ist eine gute Wahl, welche die Herren vom Komitee getroffen haben.

Adelheid.

Adelheid (im Hintergrunde, dann gleichgültig eintretend). Hier sitzt er? Was ist das für eine Gesellschaft?

Kämpe. Man erzählt, der Professor Oldendorf hat große Aussicht, gewählt zu werden. Es sollen viele sein, die für ihn stimmen werden.

Piepenbrink. Ich sage nichts gegen ihn, aber für meinen Geschmack ist er zu jung.

Senden, später Blumenberg und Gäste.

Senden (im Hintergrunde). Sie hier, mein Fräulein?

Adelheid. Ich amüsiere mich, diese drolligen Leute zu beobachten. Sie thun, als wäre die übrige Gesellschaft nicht auf der Welt.

Senden. Was seh' ich? Da sitzt ja die Union selbst und bei einer der wichtigsten Personen des Festes! (Musik schweigt.)

Bolz (der sich unterdes mit Frau Piepenbrink unterhalten, aber mit Aufmerksamkeit zugehört hat, zu Frau Piepenbrink). Ah, sehen Sie, die Herren können es doch nicht lassen, von Politik zu sprechen. Erwähnten Sie nicht den Professor Oldendorf?

Piepenbrink. Ja, mein lustiger Herr Doktor, so gelegentlich.

Bolz. Wenn Sie von dem sprechen, so bitte ich herzlich, reden Sie Gutes von ihm, denn er ist der beste, edelste Mensch, den ich kenne.

Piepenbrink. So? Sie kennen ihn?

Kleinmichel. Sie sind wohl einer seiner Freunde?

Bolz. Mehr als das. Wenn heut der Professor zu mir sagte: Bolz, es ist mir nützlich, daß du ins Wasser springst, ich müßte hineinspringen, so unangenehm mir auch gerade jetzt wäre, im Wasser zu ertrinken.

Piepenbrink. Oho, das ist stark!

Bolz. Ich habe in dieser Gesellschaft kein Recht, über Wahlkandidaten mitzusprechen. Aber wenn ich einen Abgeordneten zu wählen hätte, er müßte es werden, er zuerst.

Piepenbrink. Sie sind ja sehr für den Mann eingenommen.

Bolz. Seine politischen Ansichten kümmern mich hier nicht. Aber was verlange ich von einem Deputierten? Daß er ein Mann ist; daß er ein warmes Herz hat und ein sicheres Urteil, und ohne Schwanken und Umherfragen weiß, was gut und recht ist; und dann, daß er auch die Kraft hat zu thun, was er für recht erkennt, ohne Zaudern, ohne Bedenken.

Piepenbrink. Bravo!

Kleinmichel. Aber so ein Mann soll der Oberst auch sein.

Bolz. Möglich, daß er so ist, ich weiß es nicht; von Oldendorf aber weiß ich's. Ich habe ihm recht ins Herz hinein gesehen, bei einer Unannehmlichkeit, die mir widerfuhr. Ich war einmal gerade im Begriff zu Pulver zu verbrennen, da hatte er die Aufmerksamkeit, das zu verhindern. Ihm verdanke ich, daß ich hier sitze, er hat mir das Leben gerettet.

Henden. Er lügt abscheulich! (will vor).

Adelheid (ihn zurückhaltend). Still! Ich glaube, an der Geschichte ist etwas Wahres!

Piepenbrink. Na, daß er Ihnen das Leben gerettet hat war recht schön; indes dergleichen kommt oft vor.

Frau Piepenbrink. Erzählen Sie doch, Herr Doktor!

Bolz. Die kleine Begebenheit ist wie hundert andere, und sie wäre mir gar nicht interessant, wenn ich sie nicht selbst erlebt hätte. Denken Sie sich ein altes Haus, ich bin Student und wohne darin drei Treppen hoch. In dem Hause mir gegenüber wohnt ein junger Gelehrter; wir kennen einander nicht. Mitten in einer Nacht weckt mich ein wüster Lärm und ein merkwürdiges Knistern unter mir. Wenn das Mäuse waren, so mußten sie einen Fackeltanz aufführen, denn meine Stube war hell erleuchtet. Ich springe an das Fenster, da schlägt die helle Flamme aus dem Stockwerk unter mir bis zu mir herauf, meine Fensterscheiben springen um meinen Kopf herum und ein nichtswürdiger Qualm dringt auf mich ein. Weil es unter diesen Umständen ungemütlich wurde, sich zum Fenster hinauszulegen, so laufe ich an die Thür und öffne. Auch die Treppe kann die Gemeinheit nicht verleugnen, welche altem Holze eigen ist, sie brennt in heller Flamme. Drei Treppen hoch und kein Ausweg, ich gab mich verloren! — Halb besinnungslos stürzte ich zum Fenster zurück, ich hörte, daß man auf der Straße rief: ein Mensch, ein Mensch! die Leiter her! — Eine Leiter wurde angelegt, sie fing im Nu an zu rauchen und zu brennen, wie Zunder, sie wurde weggerissen. Da rauschten die Wasserstrahlen aller Spritzen in die Flamme unter mir, ich hörte deutlich, wie jeder einzelne Strahl auf der glühenden Mauer anschlug. Eine neue Leiter wurde angelegt, es war unten totenstill und Sie können denken, daß auch ich keine Lust hatte, in meinem feurigen Ofen Spektakel zu machen. Unten riefen die Leute: „es geht nicht," da klang eine volle Stimme durch:

„höher die Leiter" — sehen Sie, ich wußte auf der Stelle, daß dies die Stimme meines Retters war. „Schnell," riefen die Leute unten. Da drang eine neue Dampfwolke in die Stube, ich hatte genug von dem dicken Rauche verschluckt und legte mich am Fenster auf den Fußboden.

Frau Piepenbrink. Armer Herr Doktor!

Piepenbrink (eifrig). Weiter!

Senden (will voreilen).

Adelheid (ihn zurückhaltend). Bitte, lassen Sie ihn ausreden, die Geschichte ist wahr!

Bolz. Da faßt mich eine Menschenhand am Genick, ein Seil wird mir unter die Arme geschlungen und eine kräftige Faust hebt mich vom Boden. Im Augenblick darauf war ich auf der Leiter, halb gezogen, halb getragen, mit brennendem Hemd und ohne Bewußtsein kam ich auf dem Steinpflaster an. — Ich erwachte in dem Zimmer des jungen Gelehrten. Außer einigen kleinen Brandwunden hatte ich nichts in die neue Wohnung herübergebracht. Alle meine Habe war verbrannt. Der fremde Mann pflegte mich und sorgte für mich, wie ein Bruder für den andern. — Erst als ich wieder ausgehen konnte, erfuhr ich, daß dieser Gelehrte, der mich bei sich aufgenommen hatte, derselbe Mann war, der mir in jener Nacht auf der Leiter seinen Besuch gemacht hatte. — Sehen Sie, der Mann hat das Herz auf dem rechten Fleck, und deshalb wünsche ich ihm, daß er jetzt Deputierter werde, und deshalb könnte ich für ihn thun, was ich für mich selbst nicht thäte; ich könnte für ihn werben, intrigieren und ehrliche Leute zum besten haben. — Dieser Mann ist der Professor Oldendorf.

Piepenbrink. Das ist ja ein unbändig ehrenwerter

Mann. (Aufstehend) Er soll leben, hoch! (Alle stehen auf und stoßen an.)

Bolz (sich gegen alle freundlich verneigend, zu Frau Piepenbrink). Ich sehe warme Teilnahme in Ihren Augen glänzen, edle Frau, ich danke Ihnen dafür! — Herr Piepenbrink, ich bitte um die Erlaubnis, Ihnen die Hand zu schütteln. Sie sind ein braver Mann. (Klopft ihn auf den Rücken, umarmt ihn.) Geben Sie mir Ihre Hand, Herr Kleinmichel! (Umarmt ihn.) Sie auch, Herr Fritz Kleinmichel! Möge Ihnen nie ein Kind im Feuer sitzen, wenn es aber darin sitzt, immer ein wackerer Mann bei der Hand sein, der es herausholt; kommen Sie näher, ich muß Sie auch umarmen.

Frau Piepenbrink (gerührt). Piepenbrink, wir haben morgen Kalbsbraten. Was meinst du? (Spricht leise mit ihm.)

Adelheid. Er wird sehr übermütig!

Senden. Er ist unerträglich, ich sehe, daß Sie empört sind wie ich. Er fängt uns die Leute, es ist nicht länger zu dulden.

Bolz (der um den Tisch gegangen war, zurückkehrend, vor Frau Piepenbrink stehen bleibend). Es ist eigentlich unrecht, hier still zu halten. Herr Piepenbrink, Hausherr, ich frage an, ich bitte um Erlaubnis, die Hand oder den Mund?

Adelheid (ängstlich auf der Seite rechts nach vorn). Er küßt sie wahrhaftig!

Piepenbrink. Nur zu, alter Bursch, Courage!

Frau Piepenbrink. Piepenbrink, ich erkenne dich nicht wieder!

Adelheid (geht in dem Augenblick, wo Bolz Frau Piepenbrink küssen will, wie zufällig an ihnen vorbei, quer über die Bühne, und hält ihren Ballstrauß zwischen Bolz und Frau Piepenbrink; leise, schnell zu

Bolz). Sie gehen zu weit, Sie sind beobachtet. (Von links nach dem Hintergrund und ab.)

Bolz. Eine Fee interveniert!

Senden (der schon vorher einige andere **Gäste,** unter ihnen **Blumenberg,** geschäftig angesprochen hat, in demselben Augenblick geräuschvoll vor, zu der Tischgesellschaft). Er ist anmaßend, er hat sich eingedrängt!

Piepenbrink (mit der Hand aufschlagend und sich erhebend). Oho! das wäre mir was! Wenn ich meine Frau küsse, oder küssen lasse, so geht das niemanden etwas an. Niemanden! Kein Mann und kein Weib und keine Fee hat das Recht, ihr die Hand vor den Mund zu legen.

Bolz. Sehr richtig! ausgezeichnet! hört! hört!

Senden. Verehrter Herr Piepenbrink! Nichts gegen Sie, die Gesellschaft ist sehr erfreut, Sie an diesem Orte zu sehen. Nur Herrn Bolz wollen wir bemerken, daß seine Gegenwart hier Aufsehen erregt. Er hat so entschieden andere politische Grundsätze, daß wir sein Erscheinen bei diesem Fest als ein unpassendes Eindrängen betrachten müssen.

Bolz. Ich hätte andere politische Grundsätze? Ich kenne in Gesellschaft keinen andern politischen Grundsatz, als den einen, mit braven Leuten zu trinken, und mit solchen, die ich nicht für brav halte, nicht zu trinken. Mit Ihnen, mein Herr, habe ich nicht getrunken.

Piepenbrink (auf den Tisch schlagend). Das war gut gegeben.

Senden (hitzig). Sie haben sich hier eingedrängt!

Bolz (entrüstet). Eingedrängt?

Piepenbrink. Eingedrängt? Alter Junge, ihr habt doch eine Eintrittskarte?

Bolz (mit Biederkeit). Hier ist meine Karte! Nicht Ihnen zeige ich sie, sondern diesem Ehrenmanne, mit welchem Sie mich durch Ihren Überfall in Unfrieden bringen wollen. — Kämpe, geben Sie Ihre Karte Herrn Piepenbrink! Er ist der Mann, über alle Karten der Welt zu urteilen.

Piepenbrink. Das sind zwei Karten, die ebenso richtig sind als meine. Ihr habt sie ja allenthalben ausgetragen, wie sauren Most. — Ho ho! ich sehe wohl, wie die Sache steht. Ich gehöre auch nicht zu eurer Geschichte, mich aber wollt ihr haben. Deshalb seid ihr mir zwei- oder dreimal ins Haus gelaufen, weil ihr dachtet mich zu kapern. Weil ich Wahlmann bin, deshalb liegt euch an mir; aber dieser Ehrenmann ist kein Wahlmann, an dem liegt euch nichts. Solche Schliche kennen wir!

Senden. Aber Herr Piepenbrink —

Piepenbrink (ihn unterbrechend, heftiger). Ist es recht, deshalb einen ruhigen Gast zu beleidigen? Ist es recht, meiner Frau den Mund zuzuhalten? Das ist eine Ungerechtigkeit gegen diesen Mann, und er soll jetzt hier bleiben! Und wer sich untersteht ihn anzugreifen, der hat es mit mir zu thun!

Bolz. Eure Faust, braver Herr! Ihr seid ein treuer Kamerad. So Hand in Hand mit dir, trotz' ich dem Capulet und seiner ganzen Sippschaft.

Piepenbrink. Mit dir! Hast recht, alter Junge. Komm her, sie sollen sich ärgern, daß sie bersten. Auf Du und Du! (Trinken Brüderschaft.)

Bolz. Vivat Piepenbrink!

Piepenbrink. So, altes Haus! und weißt du was? weil wir so gemütlich beisammen sind, so denke ich, wir lassen diese hier machen, was sie wollen, und ihr alle kommt zu mir nach Hause, dort braue ich eine Bowle, und wir sitzen lustig zusammen, wie die Stare. Ich führe dich, ihr andern geht voraus.

Henden (und Gäste). Aber hören Sie doch, verehrter Herr Piepenbrink.

Piepenbrink. Nichts will ich hören, abgemacht!

Bellmaus, noch mehr Gäste.

Bellmaus (eilig durch den Haufen). Hier bin ich!

Bolz. Mein Neffe! Holde Madame, ich stelle diesen unter Ihren Schutz! Neffe, du führst Madame Piepenbrink. (Frau Piepenbrink faßt Bellmaus kräftig unter den Arm und hält ihn fest. Polka hinter der Scene.) Lebt wohl, ihr Herren, ihr seid nicht im stande, uns die Laune zu verderben. Dort beginnt die Musik. Wir marschieren im Festzuge ab, und noch einmal ruf' ich zum Schlusse: Vivat Piepenbrink!

Die Abziehenden. Vivat Piepenbrink! (marschieren im Triumph ab. Fritz Kleinmichel mit seiner Braut, Kämpe mit Kleinmichel, Frau Piepenbrink mit Bellmaus, zuletzt Bolz mit Piepenbrink).

Oberst.

Oberst. Was geht hier vor?

Henden. Ein nichtswürdiger Skandal! Die Union hat uns die beiden wichtigsten Wahlmänner entführt!

Der Vorhang fällt.

Dritter Akt.

Scene:

Gartensaal des Obersten.

Der **Oberst** im Vordergrunde mit starken Schritten auf- und abgehend. Im Hintergrunde **Adelheid** und **Ida** Arm in Arm, letztere in lebhafter Bewegung. Kurze Pause. Darauf:

Senden.

Senden (eilig zur Mittelthür hereinrufend). Es geht gut! 37 Stimmen gegen 29.

Oberst. Wer hat 37 Stimmen?

Senden. Natürlich Sie, Herr Oberst!

Oberst. Natürlich! (Senden ab.) — Der Wahltag ist unerträglich! In keiner Affaire meines Lebens habe ich dieses Gefühl von Angst gehabt! Es ist ein nichtswürdiges Kanonenfieber, das sich für keinen Fähnrich schickt! Und es ist lange her, daß ich Fähnrich war. (Aufstampfend) Verdammt! (Geht nach dem Hintergrunde.)

Ida (mit Adelheid in den Vordergrund tretend). Diese Ungewißheit ist schrecklich! Nur eins weiß ich sicher, ich werde unglücklich, wie diese Wahl auch ausfällt. (Lehnt sich an Adelheid.)

Adelheid. Mut! Mut! mein kleines Mädchen; es kann noch alles gut werden. Verbirg deine Angst dem Vater, er ist ohnedies in einer Stimmung, die mir nicht gefällt.

Blumenberg.

Blumenberg (eilig an der Thür, der Oberst ihm entgegen).

Oberst. Nun, mein Herr, wie steht's?

Blumenberg. 41 Stimmen für Sie, Herr Oberst, 34 für unsern Gegner, drei Stimmen sind auf andere gefallen. Die Stimmen werden jetzt sehr einzeln zu Protokoll gegeben, aber die Differenz zu Ihren Gunsten bleibt so ziemlich dieselbe. Noch 8 Stimmen für Sie, Herr Oberst, und der Sieg ist erfochten. Es ist jetzt die höchste Wahrscheinlichkeit, daß wir siegen. Ich eile zurück, die Entscheidung naht. Ich empfehle mich den Damen. (Ab.)

Oberst. Ida!

Ida (eilt zu ihm).

Oberst. Bist du meine gute Tochter?

Ida. Mein lieber Vater!

Oberst. Ich weiß, was dich ängstigt, mein Kind. Du bist am schlimmsten daran. Tröste dich, Ida; wenn, wie es den Anschein hat, der junge Herr von der Feder dem alten Soldaten das Feld räumen muß, dann wollen wir weiter reden. Oldendorf hat es nicht um mich verdient, es ist vieles an ihm, was mich ärgert. Aber du bist mein einziges Kind, ich werde nur daran denken. — Jetzt gilt es zuerst den Trotz des Jungen zu brechen! (Läßt Ida los, geht wieder auf und ab.)

Adelheid (im Vordergrunde für sich). Der Barometer ist gestiegen, die Sonne der Gnade bricht durch die Wolken.

Wenn nur alles vorbei wäre, solche Aufregung ist ansteckend. (Zu Ida) Du siehst, es ist noch nicht nötig, daß du ins Kloster gehst.

Ida. Wenn aber Oldendorf unterliegt, wie wird er das tragen?

Adelheid (die Achseln zuckend). Er verliert einen Sitz in einer ungemütlichen Gesellschaft, und gewinnt dafür eine kleine amüsante Frau. Ich dächte, er könnte zufrieden sein. In jedem Falle wird er Gelegenheit haben, seine Reden zu halten. Ob er sie nun in der oder in der Kammer hält! Ich glaube, du wirst ihm andächtiger zuhören, als jeder andere Abgeordnete.

Ida (schüchtern). Aber, Adelheid, wenn es nun besser für das Land wäre, daß Oldendorf gewählt wird?

Adelheid. Ja, mein Schatz, da ist dem Lande nicht zu helfen. Unser Staat und die übrigen Länder in Europa müssen zusehen, wie sie ohne den Professor zurecht kommen; du bist dir selbst die Nächste, du willst ihn heiraten, du gehst vor!

Karl.

Was bringen Sie, Karl?

Karl. Herr von Senden läßt sich empfehlen und melden: 47 zu 42, der Wahlkommissär habe ihm bereits gratuliert.

Oberst. Gratuliert? — Halt' meine Uniform bereit, laß dir den Schlüssel zum Weinkeller geben und richte vor, es ist möglich, daß wir heut abend Besuch erhalten.

Karl. Zu Befehl, Herr Oberst. (Ab.)

Oberst (für sich, im Vordergrunde). Nun, junger Herr Professor! Mein Stil gefällt Ihnen nicht! Es mag sein,

— ich gebe zu, daß Sie ein besserer Journalist sind; hier aber, wo es Ernst gilt, sollen Sie doch einmal nicht Recht behalten! — (Pause.) Vielleicht wird es nötig, daß ich heut abend einige Worte rede. Vor meinem Regiment hatte ich doch den Ruf, daß ich immer treffend zu sprechen wußte, aber bei diesen Manövern im Civilrock fühle ich mich unsicher. Überlegen wir! Es wird schicklich sein, daß ich in meiner Rede auch Oldendorf erwähne, natürlich mit Achtung und Anerkennung. Ja wohl, das muß ich thun. Er ist ein redlicher Mann von vortrefflichem Herzen, und ein Gelehrter von gutem Urteil. Und er kann sehr liebenswürdig sein, wenn man von seinen politischen Theorien absieht. Wir haben glückliche Abende miteinander verlebt. Und wenn wir so zusammen saßen bei meinem dicken Theekessel, und der ehrliche Junge anfing seine Geschichten zu erzählen, da hingen Idas Augen an seinem Gesicht und glänzten vor Vergnügen, und ich glaube, meine alten Augen auch. Es waren prächtige Abende! Warum sind sie nicht mehr? Bah, sie werden wiederkommen. Er wird seine Niederlage still ertragen, wie es seine Art ist, eine gute, wohlthuende Art! Keine Empfindlichkeit in ihm! Er ist doch im Grunde ein vortrefflicher Mensch, und Ida und ich wir würden glücklich mit ihm sein. — Und deshalb, meine Herren Wähler — Aber Donnerwetter! Das alles kann ich doch nicht den Wählern sagen. — Ich werde sagen —

Henden.

Henden (aufgeregt eintretend). Schändlich! schändlich! Alles ist verloren!

Oberst. Ha! (Steht sogleich in militärischer Fassung.)

Ida. Meine Ahnung! — mein Vater! (eilt zu ihm). } (zugleich).
Adelheid. O weh! }

Senden. Es stand vortrefflich. Wir hatten 47, die Gegner 42 Stimmen, 8 Stimmen waren noch nicht abgegeben, nur zwei davon für uns, und der Tag war unser. Die Stunde war gekommen, wo nach dem Gesetz das Protokoll geschlossen werden muß. Alles sah nach der Uhr und rief nach den säumigen Wahlmännern. Da polterte es auf dem Vorsaal; ein Haufe von acht Personen drang geräuschvoll in den Saal, an ihrer Spitze der grobe Weinhändler Piepenbrink, derselbe, welcher neulich bei dem Fest —

Adelheid. Wir wissen, erzählen Sie weiter —

Senden. Einer nach dem andern aus der Gesellschaft trat vor, gab seine Stimme, und „Professor Eduard Oldendorf" kam aus jedem Munde. — Der letzte war dieser Piepenbrink. Bevor er die Stimme abgab, frug er seinen Nachbar: Hat's der Professor sicher? — Ja, war die Antwort. Und ich wähle als letzter Wahlmann zum Deputierten — (hält inne)

Adelheid. Den Professor?

Senden. Nein. Einen gescheiten und pfiffigen Politikus, wie er sagte: den Doktor Konrad Bolz — und damit drehte er kurz um, und ihm folgten seine Spießgesellen.

Adelheid (beiseite, lächelnd). Ah!

Senden. Oldendorf ist Abgeordneter durch ein Mehr von zwei Stimmen.

Oberst. Ei!

Senden. Es ist schändlich! Niemand ist an diesem Ausfall schuld, als diese Journalisten von der Union. Das war ein Laufen, ein Intrigieren, ein Händeschütteln mit allen Wahlmännern, ein Lobpreisen dieses Oldendorf und ein Achselzucken über uns und über Sie, verehrter Herr!

Oberst. So?

Ida. Das letzte ist nicht wahr!

Adelheid (zu Senden). Nehmen Sie Rücksicht und schonen Sie hier.

Oberst. Du zitterst, meine Tochter. — Du bist ein Weib und läßt dich von solchen Kleinigkeiten zu sehr angreifen. — Ich will nicht, daß du diese Nachrichten länger anhörst. Geh, mein Kind! — Dein Freund hat ja gesiegt, für dich ist kein Grund zu weinen! Helfen Sie, Fräulein!

Ida (wird von Adelheid bis zur Seitenthür links geführt, bittend). Laß mich, bleibe beim Vater!

Senden. Der schlechte Geist und der Übermut, mit welchem diese Zeitung redigiert wird, ist auf Ehre nicht länger zu ertragen. — Herr Oberst, da wir allein sind — denn Fräulein Adelheid wird mir erlauben, sie zu den Unsrigen zu rechnen, wir haben die Möglichkeit, uns glänzend zu rächen; sie haben ihr Wesen am längsten getrieben. Ich habe bereits vor längerer Zeit den Eigentümer der Union sondieren lassen. Er ist nicht abgeneigt die Zeitung zu verkaufen, und hat nur noch sein Bedenken über die sogenannte Partei, welche das Blatt gegenwärtig in Händen hat. An dem Ressourcenabend habe ich selbst mit ihm gesprochen.

Adelheid. Was hör' ich?

Senden. Dieser Ausfall der Wahl wird bei allen unsern Freunden die größte Erbitterung hervorrufen, und ich zweifle nicht, daß wir in wenigen Tagen durch Aktienzeichnung die Kaufsumme zusammenbringen. Das wäre ein tödlicher Schlag für unsere Gegner, ein Triumph der guten

Sache. Das gelesenste Blatt der Provinz in unserer Hand, redigiert durch ein Komitee —

Adelheid. Dem Herr von Senden seine Hilfe nicht versagen würde.

Senden. Es wäre meine Pflicht, mich dabei zu beteiligen. — Herr Oberst, wenn Sie mit unterzeichnen wollten, Ihr Beispiel würde den Kauf im Augenblick sichern.

Oberst. Mein Herr, was Sie zum besten Ihrer politischen Tendenzen thun, das mögen Sie thun. Der Professor Oldendorf ist aber in meinem Hause ein gern gesehener Gast gewesen, ich werde nie hinter seinem Rücken gegen ihn arbeiten. — Sie hätten mir diese Stunde erspart, wenn Sie mich nicht früher durch Ihre Versicherungen über die Stimmung der Majorität getäuscht hätten. Indes zürne ich Ihnen nicht, Sie haben in bester Meinung gehandelt, ich bin davon überzeugt. — Ich bitte die Anwesenden um Entschuldigung, wenn ich mich für heut zurückziehe, ich hoffe Sie morgen wiederzusehen, lieber Senden.

Senden. Unterdes werde ich die Subskription für Ankauf der Zeitung vorbereiten. Ich empfehle mich Ihnen. (Ab.)

Oberst. Verzeihen Sie, Adelheid, daß ich Sie allein lasse, ich wünsche einige Briefe zu schreiben, und (mit gezwungenem Lachen) — meine Zeitungen zu lesen.

Adelheid (teilnehmend). Darf ich Ihnen nicht gerade jetzt Gesellschaft leisten?

Oberst (mit Anstrengung). Mir ist jetzt besser allein. (Ab durch die Mittelthür.)

Adelheid (allein). Mein armer Oberst! Die gekränkte Eitelkeit arbeitet heftig in seiner treuen Seele! — Und

Ida? (öffnet leise die Thür links, bleibt stehen). Sie schreibt! Es ist nicht schwer zu raten, an wen. (Schließt die Thür.) — Und all das Unheil hat der böse Geist Journalismus angerichtet. Alle Welt klagt über ihn und jedermann möchte ihn für sich benutzen. Mein Oberst hat so lange die Zeitungsschreiber verachtet, bis er selbst einer geworden ist, und Senden läßt keine Gelegenheit vorüber, auf meine guten Freunde von der Feder zu schelten, nur um selbst an ihre Stelle zu treten. Ich sehe kommen, daß Piepenbrink und ich auch noch Journalisten werden und zusammen ein kleines Blatt unter dem Titel: „Der unartige Bolz" herausgeben. — Also die Union ist in Gefahr heimlich verkauft zu werden? Dem Konrad wäre das recht heilsam, er müßte dann auch an andere Dinge denken, als an die Zeitung. Ach, der Schelm würde sogleich eine neue anfangen. —

Oldendorf, Karl, dann Ida.

Oldendorf (noch außerhalb des Saales). Und der Herr Oberst ist nicht zu sprechen?

Karl. Für niemand, Herr Professor. (Ab.)

Adelheid (Oldendorf entgegen). Lieber Professor, es ist nicht gut, daß Sie gerade jetzt kommen. Wir sind sehr gekränkt und unzufrieden mit der Welt, ganz besonders aber mit Ihnen.

Oldendorf. Ich fürchte das, aber ich muß ihn sprechen.

Ida (aus der Thür links ihm entgegen). Eduard! ich wußte, daß Sie kommen würden.

Oldendorf. Meine liebe Ida! (Umarmt sie.)

Ida (an seinem Halse). Und was soll jetzt aus uns werden?

Oberst.

Oberst (der durch die Mittelthür eingetreten, mit gezwungener Ruhe). Du sollst darüber nicht in Ungewißheit bleiben, meine Tochter! — Sie, Herr Professor, bitte ich zu vergessen, daß Sie in diesem Hause einst Freundschaft gefunden haben; von dir fordre ich, daß du nicht mehr an die Stunden denkst, wo dich dieser Herr von seinen Gefühlen unterhalten hat. — (Heftiger) Still, in meinem Hause wenigstens ertrage ich von einem Journalisten keine Angriffe. Vergiß ihn, oder vergiß, daß du meine Tochter bist. Hinein! (führt Ida ohne Härte ab nach links, stellt sich vor die Thür). Auf diesem Posten, mein Herr Redacteur und Abgeordneter, vor dem Herzen meines Kindes sollen Sie mich nicht schlagen. (Ab nach links.)

Adelheid (beiseite). O weh, das ist arg!

Oldendorf (bevor der Oberst sich zum Abgang wendet, entschlossen). Herr Oberst, es ist unedel, mir jetzt eine Unterredung zu verweigern! (Geht auf die Thür zu.)

Adelheid (ihm schnell in den Weg tretend). Halt, nicht weiter! Er ist in einer Aufregung, wo jedes Wort Unheil stiften würde! — Gehen Sie aber nicht so von uns, Herr Professor, schenken Sie mir noch einige Augenblicke.

Oldendorf. Ich muß in dieser Stimmung Ihre Nachsicht erbitten. Lange habe ich eine ähnliche Scene gefürchtet, und fühle jetzt doch kaum die Kraft, meine Fassung zu bewahren.

Adelheid. Sie kennen unsern Freund, und wissen, daß sein lebhaftes Gefühl ihn zu Übereilungen hinreißt, die er wieder gut zu machen eilt.

Oldendorf. Das war schlimmer als eine Laune. Es

ist ein Bruch zwischen uns beiden, — ein Bruch, der mir unheilbar scheint.

Adelheid. Unheilbar, Herr Professor? Ist Ihr Gefühl für Ida, wie ich annehme, so ist die Heilung nicht schwer. Wäre es nicht an Ihnen, den Wünschen des Vaters noch jetzt, gerade jetzt nachzugeben? Verdient nicht das Weib, welches Sie lieben, daß Sie Ihren Ehrgeiz wenigstens einmal zum Opfer bringen?

Oldendorf. Meinen Ehrgeiz, ja, meine Pflicht nicht.

Adelheid. Ihr eigenes Glück, Herr Professor, scheint mir für lange, vielleicht für immer zerstört, wenn Sie von Ida auf solche Weise getrennt werden.

Oldendorf (finster). Nicht jeder kann in seinem Privatleben glücklich werden.

Adelheid. Diese Resignation gefällt mir gar nicht, am wenigsten an einem Mann; verzeihen Sie, daß ich das gerade heraussage. (Gutmütig) Ist das Unglück denn so groß, wenn Sie einige Jahre später, oder niemals Vertreter dieser Stadt werden?

Oldendorf. Mein Fräulein, ich bin nicht eingebildet, ich schlage meine Kraft nicht eben hoch an, und soweit ich mich kenne, verbirgt sich kein ehrgeiziger Drang auf dem Grund meiner Seele. Es ist möglich, daß, wie jetzt Sie, auch eine spätere Zeit unsern politischen Haber, unsere Parteibestrebungen und was damit zusammenhängt, sehr niedrig schätzen wird. Es ist möglich, daß unser ganzes Arbeiten erfolglos bleibt; es ist möglich, daß vieles Gute, das wir ersehnen, sich, wenn es erreicht ist, in das Gegenteil verkehrt, ja, es ist höchst wahrscheinlich, daß mein eigener Anteil an dem Kampfe oft peinlich, unerquicklich und durchaus nicht das sein wird, was man eine dankbare

Thätigkeit nennt; aber das alles darf mich nicht abhalten, dem Kampf und Ringen der Zeit, welcher ich angehöre, mein Leben hinzugeben; denn es ist trotz alledem dieser Kampf das Höchste und Edelste, was die Gegenwart hervorbringt. Nicht jede Zeit erlaubt ihren Söhnen Erfolge zu erobern, welche für alle Zeit groß bleiben, und ich wiederhole es, nicht jedes Jahrhundert ist geeignet, die Menschen, welche darin leben, stattlich und glücklich zu machen.

Adelheid. Ich denke, jede Zeit ist dazu geeignet, wenn die einzelnen Menschen nur verstehen wollen, tüchtig und glücklich zu werden. (Aufstehend) Sie, Herr Professor, wollen für das kleine Hausglück Ihres Lebens nichts thun, Sie zwingen Ihre Freunde, für Sie zu handeln.

Oldendorf. Zürnen Sie wenigstens so wenig als möglich, und sprechen Sie für mich bei Ida.

Adelheid. Ich werde versuchen, mit meinem Frauenverstand Ihnen zu nützen, mein Herr Staatsmann. (Oldendorf ab.)

Adelheid (allein). Das also ist einer von den Edlen, Hochgebildeten, von den freien Geistern deutscher Nation? Sehr tugendhaft und außerordentlich vernünftig! er klettert auch aus reinem Pflichtgefühl ins Feuer! Aber etwas zu erobern, die Welt, das Glück, oder gar eine Frau, dazu ist er doch nicht gemacht.

Karl.

Karl (meldend). Herr Doktor Bolz!

Adelheid. Ah! — Der wenigstens wird kein solcher Tugendheld sein! — Wo ist der Herr Oberst?

Karl. Im Zimmer des gnädigen Fräuleins.

Adelheid. Führen Sie den Herrn hier herein. (Karl ab.) — Ich fühle einige Verlegenheit, Sie wieder zu sehen, Herr Bolz, ich will mir Mühe geben, Ihnen das nicht zu zeigen.

Bolz.

Bolz. Soeben verläßt Sie eine arme Seele, die vergebens nach ihrer Philosophie sucht, um sich zu trösten; auch ich komme als Unglücklicher, denn ich habe gestern Ihr Mißfallen erregt, und ohne Ihre Gegenwart, welche eine mutwillige Scene abkürzte, würde mir Herr von Senden im Interesse des gesellschaftlichen Anstandes wohl noch ärger mitgespielt haben. Ich danke Ihnen für die Erinnerung, welche Sie mir gaben; ich nehme sie als Beweis, daß Sie mir Ihre freundschaftliche Teilnahme nicht entziehen wollen.

Adelheid (beiseite). Sehr artig, sehr diplomatisch! — Es ist freundlich von Ihnen, daß Sie mein auffallendes Benehmen so gut deuten. — Aber verzeihen Sie noch eine dreiste Einmischung. Jene Scene mit Herrn von Senden wird doch nicht die Veranlassung zu einer neuen werden?

Bolz (beiseite). Immer dieser Senden! — Ihr Interesse an ihm soll für mich ein Grund sein, weitere Folgen zu verhüten. Ich glaube, daß ich es vermag.

Adelheid. Ich danke Ihnen. Und jetzt lassen Sie sich sagen, daß Sie ein gefährlicher Diplomat sind. Sie haben hier im Hause eine vollständige Niederlage angerichtet. — An diesem trüben Tage hat mich nur eins gefreut, die einzelne Stimme, welche Sie zum Deputierten machen wollte.

Bolz. Es war ein toller Einfall des ehrlichen Weinhändlers.

Adelheid. Sie haben sich so viel Mühe gegeben, Ihren Freund durchzusetzen. Warum haben Sie nicht für sich selbst gearbeitet? Der junge Herr, den ich einst kannte, hatte einen hohen Sinn, und nichts erschien seinem fliegenden Ehrgeiz unerreichbar. Sind Sie anders geworden, oder brennt das Feuer noch?

Bolz (lächelnd). Ich bin Journalist geworden, gnädiges Fräulein.

Adelheid. Das ist Ihr Freund auch.

Bolz. Nur so nebenbei, ich aber gehöre zur Zunft. Wer dazu gehört, kann den Ehrgeiz haben, witzig oder bedeutend zu schreiben; was darüber hinausgeht, ist nicht für uns.

Adelheid. Nicht für Sie?

Bolz. Dazu sind wir zu flüchtig, zu unruhig und zerstreut.

Adelheid. Ist das Ihr Ernst, Konrad?

Bolz. Mein völliger Ernst. Warum soll ich mich Ihnen anders zeigen, als ich bin? Wir Zeitungsschreiber füttern unsern Geist mit Tagesneuigkeiten, wir müssen alle Gerichte, welche Satan für die Menschen kocht, in den allerkleinsten Bissen durchkosten, darum müssen Sie uns schon etwas zu Gute halten. Der tägliche Ärger über das Verfehlte und Schlechte, die ewigen kleinen Aufregungen über alles Mögliche, das arbeitet in dem Menschen. Im Anfange ballt man die Faust, später gewöhnt man sich darüber zu spotten. Wer immer für den Tag arbeitet, ist es bei dem nicht auch natürlich, daß er in den Tag hinein lebt?

Adelheid (unruhig). Das ist ja traurig!

Bolz. Im Gegenteil. Es ist ganz lustig. Wir sammeln wie die Bienen, durchfliegen im Geist die ganze Welt, saugen Honig, wo wir ihn finden, und stechen, wo uns etwas mißfällt. — Ein solches Leben ist nicht gerade gemacht, große Heroen zu bilden, es muß aber auch solche Käuze geben, wie wir sind.

Adelheid (beiseite). Jetzt fängt der auch an, und er ist noch ärger als der andere.

Bolz. Wir wollen deshalb nicht gefühlvoll werden! Ich schreibe frisch drauf los, solange es geht. Geht's nicht mehr, dann treten andere für mich ein und thun dasselbe. Wenn Konrad Bolz, das Weizenkorn, in der großen Mühle zermahlen ist, so fallen andere Körner auf die Steine, bis das Mehl fertig ist, aus welchem vielleicht die Zukunft ein gutes Brot bäckt zum besten vieler.

Adelheid. Nein! Nein! Das ist Schwärmerei, solche Resignation ist ein Unrecht.

Bolz. Solche Resignation findet sich zuletzt bei jedem Berufe. Sie ist nicht Ihr Loos! Ihnen gebührt ein anderes Glück, und Sie werden es finden. — (Mit Gefühl.) Adelheid, ich habe Ihnen als Jüngling zärtliche Verse geschrieben und mich in thörichten Träumen gewiegt; ich habe Sie sehr lieb gehabt, und die Wunde, welche mir unsere Trennung schlug, sie schmerzt zuweilen noch. (Adelheid macht eine abwehrende Bewegung.) — Erschrecken Sie nicht, ich werde Sie nicht verletzen. — Ich habe lange mit meinem Schicksal gegrollt und hatte Stunden, wo ich mir vorkam wie ein Verstoßener. Aber jetzt, wo Sie vor mir stehen in vollem Glanze, so schön, so begehrungswert, wo mein Gefühl für Sie so warm ist wie jemals, jetzt muß ich doch sagen: Ihr Vater hat zwar rauh an mir gehandelt, aber daß er uns trennte, daß er Sie, die reiche Erbin, an Ansprüche gewöhnt, in bestimmte Kreise eingelebt, verhinderte, Ihr Leben einem wilden Knaben zu schenken, der immer mehr Übermut als Kraft gezeigt hatte, das war doch sehr verständig, und er hat ganz recht daran gethan.

Adelheid (in Aufregung seine Hände ergreifend). Ich danke Ihnen, Konrad, ich danke Ihnen, daß Sie so von meinem verstorbenen Vater reden. Ja, Sie sind gut, Sie haben ein Herz; es macht mich sehr glücklich, daß Sie mir das gezeigt haben.

Bolz. Es ist nur ein ganz kleines Taschenherz zum Privatgebrauch, es geschah wider meinen Willen, daß es so zum Vorschein kam.

Adelheid. Und jetzt genug von uns beiden. Hier im Hause braucht man unsere Hilfe. Sie haben gesiegt, haben Ihren Willen vollständig gegen uns durchgesetzt, ich unterwerfe mich und erkenne Sie als meinen Meister an. Jetzt aber üben Sie Gnade und werden Sie mein Verbündeter. Bei diesem Streit der Männer ist rauh in das Herz eines Mädchens gegriffen worden, das ich liebe. Ich möchte das gut machen, und wünsche, daß Sie mir dabei helfen.

Bolz. Befehlen Sie über mich.

Adelheid. Der Oberst muß versöhnt werden. Sinnen Sie etwas aus, das geeignet ist, sein krankes Selbstgefühl zu heilen.

Bolz. Ich habe daran gedacht und einiges vorbereitet. Leider kann ich nichts thun, als ihm fühlbar machen, daß sein Zorn gegen Oldendorf eine Thorheit ist. Den milden Sinn, der zur Versöhnung treibt, werden Sie allein hervorrufen können.

Adelheid. So müssen wir Frauen unser Heil versuchen.

Bolz. Ich eile, unterdes das Wenige zu thun, was ich vermag.

Adelheid. Leben Sie wohl, Herr Redacteur. Und denken Sie nicht allein an den Lauf der großen Welt, sondern zuweilen auch an eine einzelne Freundin, welche an dem unwürdigen Egoismus leidet, auf ihre eigene Hand das Glück zu suchen.

Bolz. Sie haben immer Ihr Glück darin gefunden, für das Glück anderer zu sorgen. Wer diesen Egoismus hat, für den ist es keine Kunst, glücklich zu sein. (Bolz ab.)

Adelheid (allein). Er liebt mich noch! — Er ist ein zartfühlender, hochherziger Mensch! — Aber auch er ist resigniert, sie sind alle krank, diese Männer. Sie haben keine Courage! Aus lauter Gelehrsamkeit und Nachdenken über sich selbst haben sie das Vertrauen zu sich selbst verloren. Dieser Konrad! warum sagt er nicht zu mir: Adelheid, ich wünsche Sie zur Frau? Er ist ja sonst unverschämt genug! Behüte, er philosophiert über meine Art Glück und seine Art Glück! Es war alles sehr schön, aber es ist doch nichts als dummes Zeug. — Da sind meine Junker auf dem Lande ganz andere Leute. Die tragen kein großes Bündel Weisheit mit sich herum und haben mehr Grillen und Vorurteile, als verzeihlich ist; aber sie hassen und lieben doch tüchtig und trotzig darauf los, und vergessen die Sorge für ihr eigenes Wohlbefinden niemals. Sie sind besser daran, ich lobe mir das Land, die frische Luft und meine Äcker. — (Pause; mit Entschlossenheit) Die Union soll verkauft werden! Der Konrad soll mir auf das Land, damit er seine Grillen verliert! (Setzt sich und schreibt; klingelt.)

Karl.

Diesen Brief an Herrn Justizrat Schwarz, ich bitte ihn, sich in einer dringenden Angelegenheit zu mir zu bemühen. (Karl ab.)

Ida.

Ida (aus der Seitenthür links). Ruhelos geh' ich umher! Laß mich hier ausweinen! (Weint an Adelheids Halse.)

Adelheid (zärtlich). Armes Kind! Die bösen Männer haben schlimm an dir gehandelt. Traure, mein Liebling, aber sei nicht so stumm und ergeben.

Ida. Ich habe nur den einen Gedanken, er ist für mich verloren, für immer verloren!

Adelheid. Du bist mein braves Mädchen. Aber sei ruhig! Du hast ihn gar nicht verloren! Im Gegenteil, wir wollen machen, daß du ihn weit schöner zurückerhältst. Mit geröteten Wangen und verklärten Augen soll er wieder vor dich treten, der edle Mann, dein erwählter Halbgott, und um Verzeihung soll dich der Halbgott auch bitten, daß er dir Schmerzen bereitet hat.

Ida (zu ihr aufsehend). Was sagst du?

Adelheid. Höre, heut nacht hab' ich in den Sternen gelesen, daß du Frau Abgeordnete werden sollst. Ein großer Stern fiel vom Himmel und darauf war mit leserlichen Buchstaben geschrieben: „Ohne Widerrede, sie soll ihn haben!" — Die Erfüllung ist nur an eine Bedingung geknüpft.

Ida. Welche Bedingung? sag' mir's.

Adelheid. Ich habe dir neulich von einem gewissen Fräulein und einem unbekannten Herrn erzählt. Weißt du?

Ida. Ich habe unaufhörlich daran gedacht.

Adelheid. Gut. An demselben Tage, wo diese Dame ihren Ritter wiederfindet, wirst auch du mit deinem Professor versöhnt werden. Nicht eher, nicht später, so steht's geschrieben.

Ida. Ich glaube dir so gern. Und wann wird der Tag kommen?

Adelheid. Ja, mein Schatz, das weiß ich so genau nicht. Aber im Vertrauen, weil wir Mädchen allein sind, die bewußte Dame hat das lange Hoffen und Harren herzlich satt, und ich fürchte, daß sie einen verzweifelten Schritt thut.

Ida (sie umarmend). Mache nur, daß es nicht zu lange dauert.

Adelheid (sie haltend). Still, daß uns kein Mann hört!

Korb.

Was bringen Sie, alter Freund?

Korb. Fräulein, draußen ist Herr Bellmaus, der Freund —

Adelheid. Schon gut; und er will mich sprechen.

Korb. Ja, ich selbst habe ihm zugeredet, sich an Sie zu wenden, er hat Ihnen etwas zu erzählen.

Adelheid. Führen Sie ihn herein! (Korb ab.)

Ida. Laß mich fort, ich habe verweinte Augen.

Adelheid. So geh, mein Herz, in wenigen Minuten bin ich wieder bei dir. (Ida ab.) Auch der noch! Die ganze Union, einer nach dem andern!

Bellmaus.

Bellmaus (schüchtern, mit vielen Verbeugungen). Sie haben mir erlaubt, gnädiges Fräulein! —

Adelheid (freundlich). Ich freue mich, Sie bei mir zu sehen, und bin neugierig auf die interessanten Entdeckungen, die Sie mir machen wollen.

Bellmaus. Ich möchte niemandem lieber, als Ihnen, mein gnädiges Fräulein, anvertrauen, was ich gehört habe. Da ich von Herrn Korb erfahren, daß Sie eine Abonnentin unserer Zeitung sind, so habe ich das Vertrauen —

Adelheid. Daß ich auch verdiene, eine Freundin der Redacteure zu sein. Ich danke Ihnen für die gute Meinung.

Bellmaus. Da ist dieser Schmock! Er ist ein armer Mensch, der wenig in guter Gesellschaft gelebt hat, und war bis jetzt Mitarbeiter am Coriolan.

Adelheid. Ich erinnere mich, ihn gesehen zu haben.

Bellmaus. Ich gab ihm auf den Wunsch von Bolz einige Gläser Punsch. Darauf wurde er lustig und erzählte mir von einem großen Komplott, welches zwischen Senden und dem Redacteur des Coriolan besteht. Diese beiden Herren haben nach seiner Versicherung den Plan, unsern Professor Oldendorf beim Herrn Obersten in Mißkredit zu bringen, und deshalb haben sie den Oberst angetrieben, Artikel in den Coriolan zu schreiben.

Adelheid. Ist denn der junge Mann, welcher Ihnen diese Entdeckungen gemacht hat, irgendwie zuverlässig?

Bellmaus. Er kann nicht viel Punsch vertragen, und als er drei Gläser getrunken hatte, erzählte er mir das alles freiwillig; sonst halte ich ihn freilich nicht für sehr anständig. Ich glaube, er ist ein guter Kerl, aber anständig? Nein, das ist er doch nicht.

Adelheid (gleichgültig). Würde dieser Herr — welcher

die drei Gläser Punsch getrunken hat, wohl bereit sein, seine Enthüllungen vor andern Personen zu wiederholen?

Bellmaus. Er sagte mir, daß er das thun wollte, und sprach auch von Beweisen.

Adelheid (beiseite). Ah so! — (Laut) Ich fürchte, die Beweise werden nicht genügend sein. — Und Sie haben dem Professor oder Herrn Bolz keine Mitteilung darüber gemacht?

Bellmaus. Unser Professor ist jetzt sehr beschäftigt, und Bolz ist der beste und lustigste Mensch von der Welt; aber weil er ohnedies mit Herrn von Senden gespannt ist, so glaubte ich —

Adelheid (schnell). Und Sie hatten ganz recht, lieber Herr Bellmaus. — Also sonst sind Sie mit Herrn Bolz zufrieden?

Bellmaus. Er ist ein verträglicher und ausgezeichneter Mensch, und ich stehe mit ihm sehr gut, wir alle stehen gut mit ihm.

Adelheid. Das freut mich.

Bellmaus. Er ist manchmal etwas übermütig, aber er hat das beste Herz von der Welt.

Adelheid (beiseite). Aus dem Munde der Kinder und Unmündigen werdet ihr die Wahrheit hören.

Bellmaus. Freilich ist er eine rein prosaische Natur, für Poesie hat er keinen Sinn.

Adelheid. Glauben Sie?

Bellmaus. Ja, in der Beziehung wird er oft ausfällig.

Adelheid (aufbrechend). Ich danke Ihnen für Ihre Mitteilungen, auch wenn ich kein Gewicht darauf legen kann, und freue mich, in Ihnen einen Teil der Redaktion kennen zu lernen. Die Herren Journalisten sind, wie ich merke, gefährliche Leute, und es ist gut, ihr Wohlwollen zu erhalten, obgleich ich als unbedeutende Person mich bemühen will, nie Stoff zu einem Zeitungsartikel zu geben. — (Da Bellmaus zögert zu gehen:) Kann ich Ihnen noch in irgend etwas dienen?

Bellmaus (mit Wärme). Ja, gnädiges Fräulein, wenn Sie die Güte haben wollen, dieses Exemplar meiner Gedichte anzunehmen. Es sind zwar Jugendgedichte, meine ersten Versuche, aber ich rechne auf Ihre freundliche Nachsicht. (Zieht ein Buch mit Goldschnitt aus der Tasche, übergiebt es.)

Adelheid. Ich danke Ihnen herzlich, Herr Bellmaus. Noch niemals hat mir ein Dichter seine Werke geschenkt, ich werde das schöne Buch auf dem Lande durchlesen und mich unter meinen Bäumen darüber freuen, daß ich in der Stadt Freunde habe, welche auch an mich denken, wenn sie für andere das Schöne darstellen.

Bellmaus (mit Feuer). Seien Sie überzeugt, gnädiges Fräulein, daß kein Dichter Sie vergessen wird, welcher das Glück gehabt hat, Sie kennen zu lernen. (Ab mit einer tiefen Verbeugung.)

Adelheid (allein). Dieser Herr Schmock mit den drei Gläsern Punsch ist doch wohl einer Bekanntschaft wert. Korb soll ihn sogleich aufsuchen. — Kaum bin ich in der Stadt angekommen, und mein Zimmer ist wie ein Geschäftsbureau, in welchem Redacteure und Schriftsteller ihr Wesen treiben. — Ich fürchte, das ist eine Vorbedeutung. (Ab nach links.)

Es wird dunkel. Der **Oberst** aus dem Garten.

Oberst (langsam nach vorn). Es ist mir lieb, daß es aus ist zwischen uns. — (Aufstampfend) Sehr lieb ist es mir! — (Gedrückt) Ich fühle mich frei und leicht, wie seit lange nicht, ich glaube, ich könnte singen. — In diesem Augenblick bin ich Gegenstand der Unterhaltung bei allen Theetassen, auf allen Bierbänken. Überall Räsonnieren und Lachen: Dem geschieht recht, dem alten Narren! Verdammt!

Karl mit Lichtern und der Zeitung.

Wer hat dir erlaubt, Licht zu bringen?

Karl. Herr Oberst, es ist die Stunde, wo Sie die Zeitung lesen. Hier ist sie. (Legt sie auf den Tisch.)

Oberst. Unwürdiges Volk, diese Herren von der Feder! Feig, boshaft, hinterlistig in ihrer Anonymität. Wie diese Bande jetzt triumphieren wird, und über mich! Wie sie ihren Redacteur bis in die Wolken erheben! Da liegt das nichtswürdige Blatt! Darin steht meine Niederlage, ausposaunt mit vollen Backen, mit spöttischem Achselzucken — — weg damit! (Geht auf und ab, sieht die Zeitung auf der Erde an, sie aufhebend) Ich will's doch auskosten! (setzt sich). Hier gleich im Anfange: (lesend) Professor Oldendorf — Majorität von zwei Stimmen. „Dies Blatt ist verpflichtet, sich über das Resultat zu freuen." — Das glaub' ich. — „Aber nicht weniger erfreulich war der Wahlkampf, welcher voranging." — Natürlich. — „Es ist vielleicht noch nicht dagewesen, daß, wie hier, zwei Männer einander gegenüberstanden, so eng durch jahrelange Freundschaft verbunden, beide in gleicher Weise durch das Wohlwollen ihrer Mitbürger ausgezeichnet. Es war ein ritterlicher Kampf zwischen zwei Freunden, voll Hochherzigkeit, ohne Groll, ohne Eifersucht, ja vielleicht verbarg sich in der Seele eines jeden von beiden der Wunsch, daß der befreundete Gegner, und nicht er, Sieger werde." (Legt das Blatt weg, trocknet sich die Stirn ab.) Was ist das für eine Sprache? — (Liest) „Und abgesehen von einzelnen Parteiansichten hat nie ein Mann größere Ansprüche auf den Sieg gehabt, als unser verehrter Gegner. Was er durch seine biedere, edle Persönlichkeit dem großen Kreise seiner Freunde und Bekannten gilt, das zu rühmen ist hier nicht der Ort; wie er aber durch seine rege Teilnahme für alle gemeinnützigen Unternehmungen der Stadt mit Rat und That gewirkt, das ist allgemein bekannt und wird gerade heut von unsern Mitbürgern mit lebhaftem Dank empfunden." — (Legt das Blatt weg) Das ist ein niederträchtiger Stil! — (Liest weiter) „Durch eine sehr geringe Majorität der Stimmen hat unsere Stadt beschlossen, die politischen Ansichten des jüngeren Freundes in den Kammern geltend zu machen, aber von allen Parteien werden heut, wie verlautet, Adressen und Deputationen vorbereitet, nicht, um den Sieger im Wahlkampf zu feiern, sondern um seinem Gegner, seinem edlen Freunde die allgemeine Achtung und Verehrung auszudrücken, deren nie ein Mann würdiger war als er." — Das ist offenbarer Meuchelmord! Das ist eine furchtbare Indiskretion Oldendorfs, das ist eine Journalistenrache, so fein und zugespitzt. — O das sieht ihm ähnlich! Nein, das sieht ihm nicht ähnlich! Es ist empörend, es ist unmenschlich! — Was soll ich thun? Deputationen und Adressen an mich? an Oldendorfs Freund? — Bah, das ist alles nur Geschwätz, Zeitungsgeschrei, das kostet nichts, als ein paar schöne Worte! Die Stadt weiß nichts von diesen Empfindungen. Es ist eine Gaunerei!

Karl.

Karl. Briefe von der Stadtpost. (Legt sie auf den Tisch, ab.)

Oberst. Darin steckt wieder etwas! Es ist mir unheimlich, sie aufzumachen. — (Erbricht den ersten) Was Teufel! ein Gedicht? und an mich? „Unserm edlen Gegner in der Politik, dem besten Manne der Stadt" — unterschrieben? — Wie ist die Unterschrift? Baus! Baus? kenne ich nicht, das muß ein Pseudonym sein! (Liest) Es scheint ganz ausgezeichnete Poesie! — Und was ist hier? (Öffnet den zweiten Brief) „Dem Wohlthäter der Armen, dem Vater der Verwaisten," eine Adresse — (liest) „Verehrung und Herzensgüte" — Unterschrift: „Viele Frauen und Mädchen," das Siegel ein P. P.? — Mein Gott, was soll das alles? bin ich behert? Sind das in Wahrheit Stimmen aus der Stadt, und wird der heutige Tag von den Menschen so aufgefaßt, so muß ich gestehen, daß die Leute besser von mir denken, — als ich selbst. —

Karl.

Karl. Eine Anzahl Herren wünscht den Herrn Oberst zu sprechen.

Oberst. Was für Herren?

Karl. Sie sagen; eine Deputation der Wahlmänner.

Oberst. Führe sie herein. Diese verdammte Zeitung hat doch recht gehabt.

Piepenbrink, Kleinmichel, noch drei andere Herren (sie verbeugen sich, der Oberst gleichfalls).

Piepenbrink (feierlich). Mein Herr Oberst! — Eine Anzahl Wahlmänner hat uns als eine Deputation zu Ihnen gesandt, um Ihnen gerade heut zu sagen, daß die ganze Stadt Sie für einen höchst respektabeln und braven Mann hält.

Oberst (steif). Ich bin für die gute Meinung verbunden.

Piepenbrink. Da ist nichts Verbindliches bei. Es ist die Wahrheit. Sie sind ein Ehrenmann durch und durch, und es macht uns Freude, Ihnen das zu sagen; es kann Ihnen nicht unangenehm sein, dies von Ihren Mitbürgern zu hören.

Oberst. Ich habe mich selbst immer für einen Mann von Ehre gehalten, meine Herren.

Piepenbrink. Da haben Sie ganz recht gehabt. Und Sie haben Ihre brave Gesinnung auch bewiesen. Bei jeder Gelegenheit. Bei Armut, bei Teuerung, in Vormundschaften, auch bei unserm Schützenfest, überall, wo uns Bürgern ein wohlwollender und guter Mann Freude machte oder nützlich war, da sind Sie voran gewesen. Immer schlicht und treuherzig, ohne schnurrbärtiges Wesen und Hochmut. Daher kommt es denn, daß wir Sie allgemein lieben und verehren.

Oberst (fährt sich über die Augen).

Piepenbrink. Heut haben viele von uns ihre Stimmen dem Professor gegeben. Manche wegen der Politik, manche, weil sie wissen, daß er Ihr genauer Freund ist und vielleicht gar Ihr Schwiegersohn wird.

Oberst (ohne Härte). Mein Herr —

Piepenbrink. Auch ich selbst habe Ihnen meine Stimme nicht gegeben.

Oberst (etwas eifriger). Mein Herr!

Piepenbrink. Aber deswegen komme ich mit den andern zu Ihnen, und deswegen sagen wir Ihnen, wie man in der Bürgerschaft von Ihnen denkt. Und wir wünschen alle, daß Sie noch lange Ihre männliche Gesinnung und

Ihr freundschaftliches Herz uns erhalten mögen, als ein verehrter, äußerst respektabler Herr und Mitbürger.

Oberst (ohne Härte). Warum sagen Sie das nicht dem Professor, auf den Ihre Wahl gefallen ist?

Piepenbrink. Er ist noch jung, er soll sich's erst in den Kammern verdienen, daß die Stadt ihm dankt. Sie haben's um uns verdient und deshalb kommen wir zu Ihnen.

Oberst (aufrichtig). Ich danke Ihnen, mein Herr, für Ihre freundlichen Worte. Sie thun mir gerade jetzt sehr wohl. Ich bitte Sie um Ihren Namen.

Piepenbrink. Ich heiße Piepenbrink.

Oberst (erkältet, aber nicht unhöflich). Ah so, das ist der Name! — (Mit Haltung) Ich danke Ihnen, meine Herren, für die wohlwollende Ansicht, welche Sie ausgesprochen haben, gleichviel, ob Sie die wahre Meinung der Stadt wiedergeben, oder nach den Wünschen Einzelner reden. Ich danke Ihnen, und ich werde fortfahren, das zu thun, was ich für recht halte. (Verbeugt sich, die Deputation ebenfalls, letztere ab.)

Also das ist dieser Piepenbrink, der warme Freund seines Freundes! — Aber die Worte dieses Mannes waren verständig und sein ganzes Aussehen ehrenwert, es ist unmöglich, daß das alles Spitzbüberei sein kann. — Wer weiß! Es sind gewandte Intriganten. Senden mir Zeitungsartikel, Briefe und diese gutmütigen Leute ins Haus, um mich weichherzig zu machen, gebärden sich vor aller Welt als meine Freunde, um mich zu zwingen, ihrer Falschheit wieder zu trauen! Ja, so ist's. Alles ist abgekartet! Sie sollen sich getäuscht haben!

Karl.

Karl. Herr Doktor Bolz!

Oberst. Ich bin für niemand mehr zu Hause.

Karl. Das habe ich dem Herrn auch gesagt, aber er bestand darauf, den Herrn Obersten zu sprechen, er komme in einer Ehrensache.

Oberst. Was? Oldendorf wird doch nicht so wahnsinnig sein — führ' ihn her!

Bolz.

Bolz (mit Haltung). Herr Oberst, ich komme, Ihnen eine Mitteilung zu machen, welche für die Ehre eines Dritten notwendig ist.

Oberst. Ich bin darauf gefaßt und bitte Sie, dieselbe nicht zu lang auszudehnen.

Bolz. Nur so lang, als nötig ist. Der Artikel in dem heutigen Abendblatt der Union, welcher Ihre Persönlichkeit bespricht, ist von mir geschrieben und von mir ohne Oldendorfs Wissen in die Zeitung gesetzt.

Oberst. Es ist mir kaum von Interesse zu wissen, wer den Artikel geschrieben hat.

Bolz (artig). Aber es ist mir von Wichtigkeit, Ihnen zu sagen, daß er nicht von Oldendorf ist und daß Oldendorf nichts davon gewußt hat. Mein Freund war in den letzten Wochen so sehr durch Trübes und Schmerzliches, das er selbst erleben mußte, in Anspruch genommen, daß er die Leitung des Blattes mir allein überließ. Für alles, was in dieser letzten Zeit darin stand, bin ich allein verantwortlich.

Oberst. Und wozu machen Sie diese Eröffnung?

Bolz. Es wird Ihrem Scharfblick nicht entgehen, Herr Oberst, daß nach der Scene, welche heut zwischen Ihnen und meinem Freunde vorgefallen ist, Oldendorf als Mann von Ehre einen solchen Artikel weder schreiben noch in seine Zeitung aufnehmen konnte.

Oberst. Wie so, mein Herr? In dem Artikel selbst habe ich nichts Unwürdiges gefunden.

Bolz. Der Artikel setzt meinen Freund in Ihren Augen dem Verdacht aus, als wolle er durch unwürdige Schmeichelei Ihre Teilnahme wieder gewinnen. Nichts liegt ihm ferner als ein solcher Weg. Sie, Herr Oberst, sind zu sehr Mann von Ehre, um selbst bei Ihrem Feinde eine gemeine Handlung natürlich zu finden.

Oberst. Sie haben recht! — (Beiseite) Dieser Trotz ist unerträglich. — Ist Ihre Erklärung zu Ende?

Bolz. Sie ist es. Ich habe noch eine zweite beizufügen, daß ich selbst sehr bedaure, diesen Artikel geschrieben zu haben.

Oberst. Ich thue Ihnen wohl nicht unrecht, wenn ich annehme, daß Sie schon anderes geschrieben haben, was eher zu bedauern war.

Bolz (fortfahrend). Diesen Artikel ließ ich drucken, bevor ich von Ihrer letzten Unterredung mit Oldendorf Kenntnis hatte; (sehr artig) ich bedaure ihn deshalb, weil er nicht ganz wahr ist. Ich war zu schnell, als ich dem Publikum Ihre Persönlichkeit schilderte, das Bild entspricht wenigstens heut nicht mehr der Wirklichkeit, es ist geschmeichelt.

Oberst (ausbrechend). Nun, biem Teufel, das ist grob!

Bolz. Verzeihung, es ist nur wahr! Ich wünsche Sie zu überzeugen, daß auch ein Journalist bedauern kann, Unwahres geschrieben zu haben.

Oberst. Herr! — (Beiseite) Ich muß an mich halten, er behält sonst immer recht. — Mein Herr Doktor, ich sehe, daß Sie ein gewandter Mann sind und Ihr Handwerk verstehen. Da Sie außerdem heut in der Stimmung scheinen, nur die Wahrheit zu reden, so ersuche ich Sie noch, mir zu sagen, ob Sie vielleicht auch die Demonstrationen geleitet haben, welche sich mir heut als Stimmen des Publikums darstellen.

Bolz (sich verneigend). Allerdings bin ich dabei nicht unthätig gewesen.

Oberst (ihm die Briefe hinhaltend, heftig). Haben Sie dies veranlaßt?

Bolz. Zum Teil, Herr Oberst. — Dies Gedicht ist der Herzenserguß eines ehrlichen Jungen, welcher in Ihnen den väterlichen Freund Oldendorfs und das Ideal eines ritterlichen Helden verehrt; ich habe ihm den Mut gemacht, Ihnen das Gedicht zu übersenden. Es war wenigstens gut gemeint. Der Poet mag sich ein anderes Ideal suchen — Die Adresse kommt von Frauen und Mädchen, welche den Verein für Erziehung verwahrloster Kinder bilden. Der Verein zählt auch Fräulein Ida Berg unter seine Mitglieder, ich selbst habe den Damen diese Adresse verfaßt, sie ist von der Tochter des Weinhändlers Piepenbrink abgeschrieben.

Oberst. Ungefähr so habe ich diese Briefe beurteilt. Es ist unnötig zu fragen, ob Sie auch der Maschinist sind, welcher mir die Bürger hergeschickt hat.

Bolz. Wenigstens habe ich nicht abgeraten.

Von außen vielstimmiges Männer-Quartett.

Hoch, hoch, hoch!
Es lebt ein Ritter hochgesinnt

In unsrer Mauern Bann,
Ihn segnet jedes Bürgerkind,
Den edlen, treuen Mann.
Wer Hilfe sucht in Not und Leid,
Der ruft den Ritter wert,
Denn Liebe ist sein Waffenkleid,
Erbarmen heißt sein Schwert.
Wir feiern heut mit Sang und Wort
Ihn, aller Armen Schutz und Hort,
Den Oberst, den Oberst,
Den edlen Oberst Berg.

Oberst (klingelt nach den ersten Takten des Gesanges).

Karl.

Du wirst niemand vorlassen, wenn du in meinem Dienst bleiben willst.

Karl (erschrocken). Herr Oberst, sie sind schon im Garten, eine große Gesellschaft, es ist die Liedertafel, die Anführer stehen bereits auf der Treppe.

Bolz (der das Fenster geöffnet). Sehr gut gesungen, Herr Oberst — Templer und Jüdin —. Es ist der beste Tenor unserer Stadt, und die Begleitung ist originell genug.

Oberst (beiseite). Es ist zum Tollwerden! — Führe die Herren herein. (Karl ab; am Ende der Strophe:)

Fritz Kleinmichel, zwei andere Herren.

Fritz Kleinmichel. Herr Oberst, die hiesige Liedertafel bittet um die Erlaubnis, Ihnen einige Lieder singen zu dürfen. Hören Sie das kleine Ständchen als einen schwachen Ausdruck der allgemeinen Verehrung und Liebe freundlich an.

Oberst. Meine Herren, ich bedaure sehr, daß eine Erkrankung in meiner Familie mir wünschenswert machen muß, Ihre künstlerischen Leistungen abgekürzt zu sehen. Ich danke Ihnen für die gute Meinung und ersuche Sie, Herrn Professor Oldendorf die Lieder zu singen, die Sie mir zugedacht haben.

Fritz Kleinmichel. Wir hielten es für Pflicht, zuerst Sie zu begrüßen, bevor wir Ihren Freund aufsuchen. Um Kranke nicht zu stören, werden wir uns, wenn Sie erlauben, weiter vom Hause ab im Garten aufstellen.

Oberst. Thun Sie nach Ihrem Belieben. (Fritz Kleinmichel und die beiden andern ab.) — Ist dieser Aufzug auch von Ihrer Erfindung?

Bolz (sich verneigend). Wenigstens zum Teil! — Aber Sie sind zu gütig, Herr Oberst, wenn Sie alle diese Demonstrationen auf mich allein zurückführen; mein Anteil daran ist doch sehr gering. Ich habe nichts gethan, als die öffentliche Meinung ein wenig redigiert. Diese vielen Menschen sind keine Puppen, welche ein gewandter Puppenspieler an den Drähten umherziehen könnte. Alle diese Stimmen gehören tüchtigen und ehrenwerten Personen an, und was sie Ihnen gesagt haben, das ist in der That die allgemeine Meinung der Stadt, das heißt, die Überzeugung der Besseren und Verständigen in der Stadt. Wäre sie es nicht, so hätte ich mich diesen braven Leuten gegenüber sehr vergeblich bemüht, auch nur einen von ihnen in Ihr Haus zu führen.

Oberst. Er hat wieder recht, und ich habe immer unrecht!

Bolz (sehr artig). Gestatten Sie mir noch die Erklärung, daß mir gegenwärtig auch diese zarten Äußerungen der allgemeinen Achtung unpassend erscheinen, und daß ich den Anteil, welchen ich daran habe, höchlich bedaure. Wenigstens heut hat ein Freund Oldendorfs keine Veranlassung Ihren ritterlichen Sinn oder Ihre Selbstverleugnung zu feiern.

Oberst (auf ihn zugehend). Mein Herr Doktor, Sie benutzen das Vorrecht Ihrer Zunft, rücksichtslos zu reden und Fremde zu beleidigen, in einer Weise, welche meine Geduld erschöpft. Sie sind in meinem Hause, und es ist eine gewöhnliche Rücksicht der gesellschaftlichen Klugheit, daß man das Hausrecht des Gegners respektiert.

Bolz (sich über einen Stuhl lehnend, gemütlich). Wenn Sie damit sagen wollen, daß Ihnen das Recht zusteht, unangenehme Fremde aus Ihrem Hause zu entfernen, so war es unnötig, mich daran zu erinnern; denn Sie haben heut schon einen andern aus Ihrem Hause gewiesen, dem seine Liebe zu Ihnen ein größeres Recht gab hier zu sein, als ich habe.

Oberst. Herr, eine solche Dreistigkeit ist mir noch nicht vorgekommen.

Bolz (sich verneigend). Ich bin Journalist, Herr Oberst, und nehme nur das in Anspruch, was Sie soeben das Vorrecht meiner Zunft nannten.

Großer Marsch von Blasinstrumenten. **Karl** schnell herein.

Oberst (ihm entgegen). Verschließe das Gartenthor, niemand soll herein. (Die Musik schweigt.)

Bolz (am Fenster). Sie sperren Ihre Freunde aus, diesmal bin ich unschuldig.

Karl. Ach, Herr Oberst, es ist zu spät. Hinten im Garten stehen die Sänger, und vorn kommt ein ungeheurer Zug vor das Haus, es ist Herr von Senden und die ganze Ressource. (Nach dem Hintergrund.)

Oberst. Herr, ich wünsche, daß die Unterredung zwischen uns ein Ende nehme.

Bolz (aus dem Fenster zurücksprechend). In Ihrer Lage, Herr Oberst, finde ich diesen Wunsch sehr natürlich. (Wieder hinaussehend) Ein brillanter Aufzug, sie tragen alle Papierlaternen. Auf den Laternen sind Inschriften! — Außer den gewöhnlichen Devisen der Ressource sehe ich noch andere. — Daß dieser Bellmaus doch niemals zusieht, wo er der Zeitung nützlich sein könnte. (Schnell eine Brieftasche vorziehend) Die Inschriften wollen wir schnell für die Zeitung notieren. (Zurücksprechend) Verzeihen Sie! — Ach, das ist höchst merkwürdig: „Nieder mit unsern Feinden!“ — und hier eine schwärzliche Laterne mit weißen Buchstaben: „Pereat die Union!“ Alle Wetter! (Zum Fenster hinausrufend) Guten Abend, meine Herren!

Oberst (zu ihm tretend). Herr, Sie sind des Teufels!

Bolz (sich schnell umdrehend). Es ist sehr gütig von Ihnen, Herr Oberst, daß Sie sich neben mir am Fenster zeigen. (Oberst tritt zurück.)

Senden (von unten). Was ist das für eine Stimme?

Bolz. Guten Abend, Herr von Senden! — Der Herr, welcher die braune Laterne mit der weißen Inschrift trägt, würde uns sehr verbinden, wenn er die Güte haben wollte, dem Herrn Oberst die Laterne einmal heraufzureichen. Blasen Sie Ihr Licht aus, Mann, und reichen Sie mir die Laterne. — So, ich danke Ihnen, Mann mit der geistreichen Devise. — (Die Stocklaterne hereinholend) Hier, Herr Oberst, ist das Dokument der brüderlichen Gesinnung, welche Ihre Freunde gegen uns hegen. (Reißt die Laterne vom Stock) Die Laterne für Sie, der Stock für den Laternenträger. (Wirft den Stock zum Fenster hinaus.) Ich habe die

Ehre mich zu empfehlen. (Wendet sich zum Abgang, begegnet Adelheid.)

Männerchor wieder nahe „Es lebt ein Ritter hochgeehrt," einfallender Tusch, vielstimmiges: der Oberst Berg soll leben, hoch!

Adelheid.

Adelheid (von der Seite links während des Lärms eintretend). Ist denn heut die ganze Stadt in Aufruhr?

Bolz. Ich habe das Meine gethan, er ist halb bekehrt. Gute Nacht!

Oberst (die Laterne zu Boden werfend, wütend). Zum Teufel mit allen Journalisten!

Männerchor, **Senden, Blumenberg** und viele andere **Herren** (im Zuge an der Gartenthür sichtbar; die Deputation tritt ein, Chor und Laternen gruppieren sich am Eingange).

Senden (mit lauter Stimme, bis der Vorhang am Boden ist). Herr Oberst, die Ressource giebt sich die Ehre, ihr hochverehrtes Mitglied zu begrüßen.

Der Vorhang fällt während der letzten Worte.

Vierter Akt.

Erste Scene.

Gartensaal im Hause des Obersten.

Oberst, vom Garten eintretend, hinter ihm **Karl**.

Oberst (am Eingang, unwirsch). Wer hat dem Wilhelm befohlen, das Pferd vor den Schlafzimmern umherzuführen? Der Schlingel macht mit den Eisen einen Lärm, der Tote aufwecken könnte.

Karl. Werden der Herr Oberst heut nicht ausreiten?

Oberst. Nein! in den Stall mit dem Pferde!

Karl. Zu Befehl, Herr Oberst. (Ab.)

Oberst (klingelt, Karl wieder an der Thür). Ist das Fräulein zu sprechen?

Karl. Sie ist in ihrem Zimmer, der Herr Justizrat ist bereits seit einer Stunde bei ihr.

Oberst. Wie? am frühen Morgen?

Karl. Hier ist sie selbst. (Ab, nachdem Adelheid eingetreten.)

Adelheid, Korb (aus der Thür rechts).

Adelheid (zu Korb). Sie bleiben wohl in der Nähe der Gartenthür, und wenn der bewußte junge Herr kommt, dann führen Sie ihn zu uns. (Korb ab.) Guten Morgen, Herr Oberst! (An ihn tretend und ihn heiter ansehend) Wie ist das Wetter heut?

Oberst. Grau, Mädchen, grau und stürmisch! Ärger und Gram sausen in meinem Kopfe herum, daß er mir zerspringen möchte. Wie geht es der Kleinen?

Adelheid. Besser. Sie ist so gescheit gewesen, gegen Morgen einzuschlafen. Jetzt ist sie traurig, aber gefaßt.

Oberst. Gerade diese Fassung ist mir ärgerlich. Wenn sie nur einmal schreien wollte und sich etwas in die Haare fahren; es wäre schrecklich, aber es wäre doch Natur darin. Aber dies Lächeln und sich Abwenden und dies Abtrocknen heimlicher Thränen, das nimmt mir meine Fassung. Das ist bei meinem Kinde unnatürlich.

Adelheid. Vielleicht kennt sie das gütige Herz ihres Vaters besser als er selbst, vielleicht hofft sie noch!

Oberst. Worauf? Auf eine Versöhnung mit ihm? Nach dem, was geschehen, ist eine Versöhnung zwischen Oldendorf und mir unmöglich.

Adelheid (beiseite). Ob er wünscht, daß ich ihm widerspreche?

Korb.

Korb (zu Adelheid). Der Herr ist gekommen.

Adelheid. Ich werde klingeln. (Korb ab.) — Helfen Sie mir in einer kleinen Verlegenheit, ich habe einen fremden jungen Mann zu sprechen, der hilfsbedürftig scheint, und möchte gern, daß Sie in der Nähe blieben — darf ich die Thür hier offen lassen? (weist auf die Thür links).

Oberst. Das heißt wohl auf deutsch, ich soll dort hineingehen?

Adelheid. Ich bitte nur auf fünf Minuten.

Oberst. Meinetwegen, wenn ich nur nicht horchen soll.

Adelheid. Das verlange ich nicht, aber zuhören werden Sie doch, wenn das Gespräch Sie interessieren sollte.

Oberst (lächelnd). Dann werde ich hereinkommen. (Ab nach links, Adelheid klingelt.)

Schmock, Korb (am Eingange, sogleich wieder ab).

Schmock (sich verbeugend). Ich wünsche einen guten Morgen. — Sind Sie das Fräulein, welches ihren Schreiber zu mir geschickt hat?

Adelheid. Ja. Sie haben den Wunsch geäußert, mich selbst zu sprechen.

Schmock. Wozu soll der Schreiber wissen, wenn ich Ihnen etwas zu sagen habe? — Hier sind die Zettel, die der Senden geschrieben hat, welche ich gefunden habe im Papierkorb des Coriolan. Sehen Sie nach, ob sie für den Obersten zu brauchen sind. Was soll ich damit anfangen? Es ist nichts damit zu machen.

Adelheid (hineinsehend, beiseite lesend). Hier sende ich Ihnen die unglückliche stilistische Arbeit u. s. w. — Unvorsichtig und sehr gewöhnlich! (legt sie auf den Tisch. Laut) In jedem Falle sind diese unbedeutenden Billette in meinem Papierkorbe besser verwahrt, als in einem andern. — Und was veranlaßt Sie, mein Herr, mir Ihr Vertrauen zu schenken?

Schmock. Der Bellmaus hat mir doch gesagt, daß Sie eine geschickte Person sind, die dem Obersten auf gute Weise sagen wird, er solle sich vor dem Senden und vor meinem Redacteur in acht nehmen. Und der Oberst ist ein humaner Mann, er hat mir neulich vorgesetzt ein Glas süßen Wein und Semmel mit Lachs zum Frühstück.

Oberst (an der Thür sichtbar, mitleidig die Hände faltend). Du lieber Gott!

Schmock. Warum soll ich ihn hintergehen lassen von diesen Menschen?

Adelheid. Wenn Ihnen das Frühstück nicht unangenehm war, so wollen wir für ein zweites sorgen.

Schmock. O ich bitte, bemühen Sie sich meinetwegen nicht.

Adelheid. Können wir Ihnen sonst mit etwas helfen?

Schmock. Womit sollen Sie mir helfen? (Seine Stiefeln und Kleider betrachtend) Ich habe jetzt alles imstande. Mein Unglück ist nur, ich stecke in einem schlechten Geschäft. Ich muß sehen, daß ich aus der Litteratur herauskomme.

Adelheid (mitleidig). Es ist wohl recht schwer, sich in der Litteratur wohl zu fühlen?

Schmock. Je nachdem. — Mein Redacteur ist ein ungerechter Mensch. Er streicht zu viel und bezahlt zu wenig. Achten Sie vor allem auf Ihren Stil, sagt er, guter Stil ist die Hauptsache. Schreiben Sie gewichtig, Schmock, sagt er, schreiben Sie tief, man verlangt das heutzutage von einer Zeitung, daß sie tief ist. Gut, ich schreibe tief, ich mache meinen Stil logisch. Wenn ich ihm aber die Arbeit bringe, so wirft er sie von sich und schreit: Was ist das? Das ist schwerfällig, das ist pedantisch, sagt er. Sie müssen schreiben genial, brillant müssen Sie sein, Schmock, es ist jetzt Mode, daß alles angenehm sein soll für die Leser. — Was soll ich thun? Ich schreibe wieder genial, ich setze viel Brillantes hinein in den Artikel; und wenn ich ihn bringe, nimmt er den Rotstift und streicht alles Gewöhnliche und läßt mir nur die Brillanten stehen.

Oberst. Ist so etwas möglich?

Schmock. Wie kann ich bestehen bei solcher Behandlung? Wie kann ich ihm schreiben lauter Brillantes die Zeile für fünf Pfennige? Dabei kann ich nicht bestehen. Und deshalb will ich sehen, daß ich aus dem Geschäft herauskomme. Wenn ich nur könnte verdienen fünfundzwanzig bis dreißig Thaler, ich wollte in meinem Leben nicht wieder schreiben für eine Zeitung, ich wollte dann mein eignes Geschäft anfangen, ein kleines Geschäft, das mich ernähren könnte.

Adelheid. Warten Sie einen Augenblick! (sucht in ihrer Börse).

Oberst (eilig hervorkommend). Überlassen Sie das mir, liebe Adelheid. Der junge Mann will aufhören Journalist zu sein, das geht mich an! Hier, hier ist Geld, wie Sie sich wünschen, wenn Sie mir versprechen, von heute ab keine Feder mehr für eine Zeitschrift anzurühren. Hier, nehmen Sie!

Schmock. Ein preußisches Kassenbillet von fünfundzwanzig Thalern Courant? Auf meine Ehre, ich versprech's Ihnen, Herr Oberst, auf meine Ehre und Seligkeit, ich gehe noch heut zu einem Vetter von mir, welcher ein solides Geschäft hat. Will der Herr Oberst einen Schuldschein, oder soll ich ausstellen einen Wechsel auf mich selber mit langer Frist?

Oberst. Bleiben Sie mir vom Leibe mit Ihrem Wechsel!

Schmock. So will ich einen richtigen Schuldschein ausstellen. Es ist mir lieber, daß es nur ein Schuldschein ist.

Oberst (ungeduldig). Auch Ihren Schuldschein will ich nicht. — Herr, gehen Sie in Gottes Namen!

Schmock. Und wie wird's sein mit den Zinsen? Kann ich's haben gegen fünf Prozent, so wäre mir's lieb.

Adelheid. Der Herr schenkt Ihnen das Geld.

Schmock. Er schenkt mir das Geld? Es ist ein Wunder! — Wissen Sie was, Herr Oberst, wenn ich nichts mache mit dem Geld, so bleibt es geschenkt; wenn ich mir damit aufhelfe, so bring' ich's Ihnen zurück. Ich hoffe, ich werde mir aufhelfen.

Oberst. Halten Sie das ganz nach Ihrem Belieben.

Schmock. Es ist mir ganz lieb so, Herr Oberst. Unterdes danke ich Ihnen, und mög' es Ihnen vergolten werden durch eine andere Freude, die Sie haben. Ich empfehle mich Ihnen, meine Herrschaften.

Adelheid. Das Frühstück wollen wir nicht vergessen. (Klingelt, Korb tritt ein) Lieber Korb! (spricht leise mit ihm).

Schmock. Bitte sehr, lassen Sie doch das. (Schmock und Korb ab.)

Oberst. Und jetzt, mein Fräulein, erklären Sie mir diese ganze Unterredung; sie geht mich nahe genug an.

Adelheid. Senden hat sich gegen andere taktlos über seine Stellung zu Ihnen und Ihrem Hause ausgesprochen. Dieser junge Mann hatte etwas davon gehört, und Billette von Senden in Besitz, in welchen einige unpassende Ausdrücke vorkommen. Ich hielt es für gut, diese Billette aus seinen Händen herauszuziehen.

Oberst. Ich ersuche Sie um diese Briefe, Adelheid.

Adelheid (bittend). Wozu, Herr Oberst?

Oberst. Ich werde mich nicht ärgern, Mädchen.

Adelheid. Das verlohnt sich auch nicht. Und doch

bitte ich Sie, nicht hineinzusehen. — Sie wissen jetzt genug, denn Sie wissen, daß er mit seiner Umgebung ein so großes Vertrauen, als Sie ihm in der letzten Zeit gegönnt haben, nicht zu würdigen weiß.

Oberst (traurig). O pfui, pfui! — Ich habe in meinen alten Tagen Unglück mit meinen Bekanntschaften.

Adelheid. Wenn Sie Oldendorf mit diesem hier — (auf die Briefe weisend) in eine Klasse setzen, so haben Sie unrecht.

Oberst. Das thue ich nicht, Mädchen. Den Senden habe ich nicht so lieb gehabt, und deshalb trage ich's leichter, daß er mich verletzt.

Adelheid (mild). Und weil Sie den andern geliebt haben, deshalb waren Sie gestern so —

Oberst. Sprechen Sie's nur aus, Sittenprediger — so hart und ungestüm.

Adelheid. Mehr als das, Sie waren ungerecht.

Oberst. Ich habe mir in dieser Nacht dasselbe gesagt, wenn ich an Idas Zimmer trat und das arme Ding weinen hörte. Ich war ein gekränkter, zorniger Mann und hatte unrecht in der Form, in der Sache selbst hatte ich doch recht. Mag er Deputierter sein, er paßt dazu vielleicht besser als ich; daß er ein Zeitungsschreiber ist, das trennt uns.

Adelheid. Er thut doch nur, was Sie auch thaten.

Oberst. Erinnern Sie mich nicht an diese Thorheit! — Wenn er als mein Schwiegersohn den Lauf der Welt anders beurteilte als ich, so könnte ich's wohl ertragen. Wenn er aber alle Tage Gefühle und Gesinnungen, die den meinen entgegenstehen, laut in die Welt ruft, und ich das lesen müßte, und überall hören müßte, wie mein Schwiegersohn von meinen Freunden und alten Kameraden deshalb verspottet und gescholten wird, und das alles hinunterschlucken müßte, sehen Sie, das kann ich nicht!

Adelheid. Und Ida? Weil Sie das nicht ertragen wollen, deshalb wird Ida unglücklich.

Oberst. Mein armes Kind! Sie ist jetzt unglücklich gewesen, die ganze Zeit hindurch. Das halbe Wesen zwischen uns Männern hat schon lange nichts getaugt. Es ist besser, daß es mit einem großen Schmerz ein Ende nimmt.

Adelheid (ernst). Noch sehe ich das Ende nicht. Ich werde es erst sehen, wenn Ida wieder so fröhlich lacht, als sie sonst that.

Oberst (aufgeregt umhergehend, ausbrechend). So werde ich ihm mein Kind übergeben und mich allein in einen Winkel setzen! — Ich dachte meine letzten Tage anders, aber verhüte Gott, daß mein geliebtes Mädchen durch mich unglücklich werden sollte! Er ist zuverlässig und ehrenhaft, er wird sie gut halten. — Ich werde wieder in die kleine Stadt ziehen, aus der ich hergekommen bin.

Adelheid (seine Hand ergreifend). Mein würdiger Freund, nein, das sollen Sie nicht. Weder Oldendorf noch Ida würden ihr Glück einem solchen Opfer verdanken wollen. — Wenn nun Senden und seine Freunde dem Professor die Zeitung unter den Händen fortziehen, wie dann?

Oberst (freudig). Dann wäre er kein Journalist mehr! — (Unruhig) Ich will nichts von dem Plane hören, das hinterlistige Handeln gefällt mir nicht.

Adelheid. Mir auch nicht. — (Herzlich) Herr Oberst, Sie haben mir oft ein Vertrauen geschenkt, das mich glücklich und stolz gemacht hat. Sie haben mir auch heute gestattet, rücksichtsloser zu sprechen, als einem Mädchen sonst wohl erlaubt wird. Wollen Sie mir noch einen großen Beweis Ihrer Achtung geben?

Oberst (ihr die Hand drückend). Adelheid, wir wissen wie wir miteinander stehen. Sprechen Sie.

Adelheid. Sein Sie heut auf eine Stunde mein getreuer Ritter. Erlauben Sie mir, daß ich Sie mit mir führe, wohin es auch sei.

Oberst. Was haben Sie vor, Kind?

Adelheid. Nichts Unrechtes, nichts, was Ihrer und meiner unwürdig wäre. Es soll Ihnen nicht lange Geheimnis bleiben.

Oberst. Wenn es sein muß, ich gebe mich gefangen. Aber darf ich nicht ungefähr wissen, was ich zu thun habe?

Adelheid. Sie sollen mich bei einem Besuch begleiten und sich dabei an das erinnern, was wir jetzt so verständig miteinander gesprochen haben.

Oberst. Bei einem Besuch?

Korb.

Adelheid. Bei einem Besuch, den ich in meinem eigenen Interesse mache.

Korb (zu Adelheid). Herr von Senden wünscht Ihnen seine Aufwartung zu machen.

Oberst. Ich will ihn jetzt nicht sehen.

Adelheid. Ruhe, Herr Oberst, wir haben nicht Zeit, auch mit dem zu zürnen. Ich werde ihn auf einige Augenblicke annehmen müssen.

Oberst. Dann gehe ich fort.

Adelheid (bittend). Um mich sogleich zu begleiten? Der Wagen wartet.

Oberst. Ich gehorche dem Kommando. (Ab nach links.)

Adelheid. Ich habe einen schnellen Entschluß gefaßt, ich habe etwas gewagt, was für ein Mädchen wohl zu keck war, denn ich fühle jetzt, wo die Entscheidung naht, daß mein Mut mich verläßt. — Ich mußte es thun um seinetwillen und für uns alle. — (Zu Korb) Bitten Sie Fräulein Ida, sich bereit zu halten. Der Kutscher soll sogleich umkehren sie abzuholen. — Lieber Korb, denken Sie an mich. Ich gehe einen wichtigen Gang, mein alter Freund. — (Adelheid ab.)

Korb (allein). Tausend! glänzen der die Augen! Was hat sie vor? Sie will doch nicht gar den alten Oberst entführen? Was sie auch vor hat, sie setzt's durch. Es giebt nur einen, der mit ihr fertig werden könnte. O Herr Konrad, wenn ich reden dürfte! (Ab.)

Zweite Scene.

Redaktionszimmer der Union.

Bolz aus der Thür links, gleich darauf **Müller.**

Bolz (zur Mittelthür). Hier herein mit dem Tisch.

Müller (trägt einen kleinen gedeckten Tisch mit Weinflaschen, Gläsern und Tellern nach dem Vordergrund links, rückt fünf Stühle, sprechend:) Herr Piepenbrink läßt sich empfehlen und sagen, der Wein wäre von dem gelbgesiegelten, und wenn der Herr Doktor Gesundheiten tränke, möchte er auch Herrn Piepenbrinks Gesundheit nicht vergessen. Er war sehr fidel, der dicke Herr. Und Madame Piepenbrink erinnerte ihn daran, daß er auf die Union abonnieren sollte; er trug mir auf, das zu bestellen.

Bolz (welcher unterdes in Papieren geblättert, aufstehend). Her den Wein! (Müller gießt in ein Glas.) Dem würdigen Weinschenk zu Ehren! (trinkt). Ich habe ihn leichtfertig behandelt, aber sein Herz hat sich als treu bewährt. Sagen Sie ihm, die Gesundheit sei nicht vergessen worden. Hier die Flasche für Sie! — Jetzt trollt euch! — (Müller ab, Bolz die Thür links öffnend:) Kommt, ihr Herren, heute löse ich mein Wort.

Kämpe, Bellmaus, Körner.

Hier ist das versprochene Frühstück. — Und jetzt, ihr allerliebsten Eintagsfliegen, schnell! malt eure Backen und eure Laune so rosafarben, als eurem Witze nur möglich ist. (Einschenkend) Der große Sieg ist erfochten, die Union hat einen der edelsten Triumphe gefeiert; noch in späten Jahrhunderten werden verspätete Enkel staunend sagen: das waren glorreiche Tage und so weiter, Fortsetzung siehe in der heutigen Nummer der Zeitung. — Bevor wir uns setzen, den ersten Toast —

Kämpe. Der erwählte Deputierte —

Bolz. Nein, der erste Toast gilt der gemeinsamen Mutter, der großen Macht, welche Deputierte hervorbringt: die Zeitung, sie floriere!

Alle. Hoch! (stoßen an).

Bolz. Hoch! und zum zweiten lebe — halt, der Deputierte selber fehlt noch.

Kämpe. Da kommt er.

Oldendorf.

Bolz. Der Abgeordnete unserer ehrwürdigen Stadt, Chefredacteur und Professor, Journalist und brave Mann, welcher gegenwärtig zürnt, daß hinter seinem Rücken Allotria in die Zeitung gesetzt worden sind, er lebe hoch!

Alle. Hoch!

Oldendorf (freundlich). Ich danke den Herren.

Bolz (Oldendorf nach dem Vordergrund ziehend, beiseite). Und du bist nicht mehr böse.

Oldendorf. Deine Meinung war gut, aber es war eine große Indiskretion.

Bolz. Denke nicht mehr daran! — (Laut) Hier, nimm das Glas, setze dich zu uns. Sei nicht stolz, junger Staatsmann, heut gehörst du uns. So, hier sitzt die Redaktion. Wo ist der würdige Herr Henning, wo steckt der Eigentümer, Drucker und Verleger Gabriel Henning?

Bellmaus. Wir haben ihn überall gesucht, er ist nirgend zu finden.

Kämpe. Ich begegnete ihm vorhin auf der Treppe, er schlich so scheu an mir vorüber, wie jemand, der einen dummen Streich gemacht hat.

Bolz. Wahrscheinlich geht es ihm wie Oldendorf, er ist wieder einmal unzufrieden mit der Haltung des Blattes.

Müller.

Müller (den Kopf hereinsteckend). Hier die Zeitungen und Postsachen!

Bolz. Dorthin! (Müller tritt herein, legt die Papiere auf den Arbeitstisch.)

Müller. Hier ist der Coriolan. Es steht etwas über unsere Zeitung darin, der Laufbursche des Coriolan grinste mich höhnisch an und empfahl mir den Artikel zur Durchsicht.

Bolz. Geben Sie her! Still, römisches Volk, Coriolan spricht. — Alle Teufel, was soll das? (Liest) „Aus der besten Quelle erfahren wir soeben, daß dem Zeitungswesen unserer Provinz eine große Veränderung bevorsteht. — Unsere Gegnerin, die Union, wird aufhören, ihre maßlosen Angriffe gegen alles Hohe und Heilige zu richten.“ — Dies Hohe und Heilige heißt Blumenberg. — „Das Eigentumsrecht an derselben soll in andere Hände übergegangen sein, und es ist sichere Aussicht, daß wir in diesem vielgelesenen Blatt von jetzt ab einen Verbündeten begrüßen werden.“ — Wie schmeckt das, ihr Herren?

Müller. Donnerwetter!
Kämpe. Das ist Unsinn!
Bellmaus. Es ist eine Lüge!
} (zugleich).

Oldendorf. Das ist wieder eine von den abenteuerlichen Erfindungen des Blumenberg.

Bolz. Dahinter steckt was. Holt mir den Gabriel Henning her! (Müller ab.) Dieser Eigentümer hat den Verräter gespielt, wir sind vergiftet, (aufspringend) und dies ist das Gastmahl der Borgia. Nächstens treten die barmherzigen Brüder herein und singen unser Totenlied. — Thut mir den Gefallen und eßt wenigstens die Austern auf, bevor es zu spät wird.

Oldendorf (der das Blatt ergriffen hat). Offenbar ist diese Nachricht nichts als ein unsicheres Gerücht. Henning wird uns sagen, daß nichts daran ist. Sieh du keine Gespenster und setze dich zu uns.

Bolz (sich setzend). Ich setze mich, aber nicht, weil ich deinen Worten glaube, sondern weil ich das Frühstück nicht im Stich lassen will. Schafft den Henning her, er soll Rede stehen.

Oldendorf. Du hörst ja, er ist nicht zu Hause.

Bolz (eifrig essend). O du wirst furchtbar erwachen, kleiner Orsina! — Bellmaus, gieße mir ein. — Wenn die Geschichte aber nicht wahr ist, wenn dieser Coriolan gelogen hat, bei diesem Purpur im Glase sei's geschworen! so will ich sein Mörder werden. Die grimmigste Rache, die je ein beleidigter Journalist genommen, soll auf sein Haupt fallen, er soll an Nadelstichen verbluten, jeder Mops auf der Straße soll ihn verächtlich ansehen und sagen: Pfui, Coriolan, von Ihnen nehme ich keinen Bissen an, und wenn's Wurst wäre. — (Es klopft, Bolz legt das Messer hin.) Memento mori! das sind unsere Totengräber. — Noch die letzte Auster. Und dann lebe wohl, du schöne Welt!

Justizrat **Schwarz**, **Senden** (aus der Thür links; die Thür bleibt offen).

Schwarz. Ergebener Diener, meine Herren.

Senden. Verzeihung, wenn wir stören.

Bolz (sitzend am Tisch). Nicht im geringsten. Dies ist unser gewöhnliches Frühstück, kontraktlich auf ein Jahr ausgemacht, fünfzig Austern und zwei Flaschen täglich für jeden Mitarbeiter. Wer die Zeitung kauft, muß es liefern.

Schwarz. Was uns herführt, Herr Professor, ist eine Mitteilung, welche Ihnen zuerst Herr Henning hätte machen sollen. Er hat es vorgezogen, mich damit zu beauftragen.

Oldendorf. Ich erwarte Ihre Mitteilung.

Schwarz. Herr Henning hat vom gestrigen Tage alle Rechte, welche ihm als Eigentümer der Zeitung „Union" zustehen, durch Verkauf an mich übertragen.

Oldendorf. An Sie, Herr Justizrat?

Schwarz. Ich gestehe, daß ich nur als Bevollmächtigter eines Dritten gekauft habe. Hier ist der Kaufvertrag; es ist kein Geheimnis darin. (Überreicht ein Papier.)

Oldendorf (durchsehend, zu Bolz). Es ist ein notarieller Vertrag in aller Form, — verkauft für dreißigtausend Thaler. — (Aufregung unter den Mitarbeitern.) Erlauben Sie mir auf den Kern der Sache zu gehen. Soll mit diesem Wechsel des Eigentümers auch eine Änderung in der politischen Haltung des Blattes verbunden sein?

Senden (vortretend). Allerdings, Herr Professor, das war bei dem Kaufe die Meinung.

Oldendorf. Sehe ich vielleicht in Ihnen den neuen Eigentümer?

Senden. Das nicht, aber ich habe die Ehre ihm befreundet zu sein. Sowohl Sie selbst als diese Herren haben das Recht zu verlangen, daß Ihre Kontrakte erfüllt werden. Ihre Kontrakte lauten, wie ich höre, auf halbjährige Kündigung. Es versteht sich, daß Sie bis zum Ablauf dieser Zeit Ihren Gehalt fortbeziehen.

Bolz (aufstehend). Sie sind sehr gütig, Herr von Senden. Unsere Kontrakte geben uns das Recht, die Zeitung ganz nach unserem Ermessen zu redigieren und sowohl die Haltung als die Parteistellung des Blattes selbständig zu handhaben. Wir werden daher bis zum Ablauf des nächsten Halbjahrs nicht nur unsere Gehalte fortbeziehen, sondern auch die Zeitung selbst zum besten der Partei fortführen, welcher anzugehören Sie nicht die Ehre haben.

Senden (heftig). Wir werden Mittel finden, dem zu begegnen.

Oldendorf. Beruhigen Sie sich! Eine solche Thätigkeit wäre kaum unser würdig. Ich erkläre unter solchen

Umständen, daß ich die Redaktion mit dem heutigen Tage niederlege und Sie aller Verpflichtungen gegen mich entbinde.

Bolz. Meinetwegen, es sei. Ich erkläre dasselbe.

Bellmaus.
Kämpe. } Wir auch!
Körner.

Senden (zu Schwarz). Sie sind Zeuge, daß die Herren freiwillig auf ihre Rechte verzichten.

Bolz (zu den Mitarbeitern). Halt, meine Herren, sein Sie nicht zu hochherzig. Es ist in der Ordnung, daß Sie sich nicht weiter an dem Blatt beteiligen, wenn Ihre Freunde zurücktreten. Wozu wollen Sie aber Ihre Geldansprüche an den neuen Besitzen aufgeben?

Bellmaus. Ich will lieber nichts von ihnen annehmen, ich will handeln wie du.

Bolz (ihn streichelnd). Gut gedacht, mein Sohn. Wir wollen uns zusammen durch die Welt schlagen. Was meinst du zu einer Drehorgel, Bellmaus? Wir ziehen damit auf die Messen und singen deine Lieder ab, ich drehe, du singst.

Oldendorf. Da keiner von Ihnen Eigentümer der Zeitung geworden ist, so werden Sie zum Schluß dieser Verhandlung noch die Frage natürlich finden an wen wir unsere Rechte abgetreten haben?

Senden. Der gegenwärtige Besitzer der Zeitung ist —

Oberst aus der Seitenthür links.

Oldendorf (erschrocken zurücktretend). Herr Oberst?

Bolz. Ah, jetzt wird die Sache hochtragisch.

Oberst (zu Oldendorf tretend). Vor allem, Herr Professor, nehmen Sie die Überzeugung, daß ich dieser ganzen Angelegenheit fremd bin und nur auf den Wunsch des Käufers hierher komme. Erst hier habe ich erfahren, worum es sich handelt. Ich hoffe, daß Sie mir das glauben werden.

Bolz. Ich aber finde dies Spiel unpassend und bestehe darauf, zu erfahren, wer der neue Eigentümer ist, der sich so geheimnisvoll hinter verschiedenen Personen verbirgt.

Adelheid.

Adelheid (aus der Seitenthür links eintretend). Er steht vor Ihnen.

Bolz. Ich wünsche in Ohnmacht zu fallen.

Bellmaus. Das ist ein göttlicher Witz!

Adelheid (sich verneigend). Ich grüße Sie, meine Herren! (Zu den Mitarbeitern) Habe ich recht, wenn ich annehme, daß diese Herren bis jetzt bei der Redaktion beschäftigt gewesen sind?

Bellmaus (eifrig). Ja wohl, gnädiges Fräulein! Herr Kämpe für leitende Artikel, Herr Körner für die französischen und englischen Korrespondenzen, und ich für Theater, Musik, bildende Kunst und Allerlei.

Adelheid. Ich werde mich sehr freuen, wenn Ihre Grundsätze Ihnen erlauben sollten, auch ferner Ihr Talent meiner Zeitung zu gönnen. (Die drei Mitarbeiter verbeugen sich.)

Bellmaus (die Hand aufs Herz legend). Gnädiges Fräulein, unter Ihrer Redaktion bis an das Ende der Welt!

Adelheid (lächelnd und verbindlich). Ach nein — nur in jenes Zimmer (weist auf die Thür rechts). Ich brauche eine halbe Stunde, um mich für meine neue Thätigkeit zu sammeln.

Bellmaus (im Abgehen). Das wird eine ausgezeichnete Geschichte! (Bellmaus, Kämpe, Körner ab.)

Adelheid. Herr Professor, Sie haben die Leitung der Zeitung mit einer Bereitwilligkeit niedergelegt, welche mich entzückt. (Mit Bedeutung) Ich wünsche die Union auf meine Weise zu redigieren (faßt seine Hand und führt ihn zum Obersten). Herr Oberst, er ist nicht mehr Redacteur; wir haben ihn überlistet, Sie haben Ihre Satisfaktion.

Oberst (die Arme ausbreitend). Kommen Sie, Oldendorf! — Was geschehen ist, that mir leid seit der Stunde unserer Trennung.

Oldendorf. Mein verehrter Freund!

Adelheid (auf die Thür links deutend). Dort drinnen ist noch jemand, welcher an der Versöhnung teilzunehmen wünscht. Vielleicht ist's Herr Gabriel Henning.

Ida.

Ida (an der Seitenthür). Eduard! (Oldendorf eilt zur Thür, Ida ihm entgegen, er umarmt sie. Beide ab nach links, der Oberst folgt.)

Adelheid (artig). Bevor ich Sie, Herr von Senden, ersuche, sich für die Redaktion der Zeitung zu interessieren, bitte ich Sie, diese Korrespondenz durchzulesen, welche ich als einen Beitrag für mein Blatt erhalten habe.

Senden (wirft einen Blick hinein). Mein Fräulein, ich weiß nicht, wessen Indiskretion —

Adelheid. Fürchten Sie keine von meiner Seite, ich bin Zeitungsbesitzerin und (mit Beziehung) werde das Redaktionsgeheimnis bewahren.

Senden (verbeugt sich).

Adelheid. Darf ich Sie um das Dokument bitten,

Herr Justizrat? Und wollen die Herren die Güte haben, den Verkäufer über den Ausgang des Geschäftes zu beruhigen? (Verbeugungen. Senden und Schwarz ab.)

Adelheid, Bolz.

Adelheid (nach einer kleinen Pause). Nun, Herr Bolz, was soll ich mit Ihnen anfangen?

Bolz. Ich bin auf alles gefaßt; ich wundre mich über nichts mehr. — Wenn nächstens jemand ein Kapital von hundert Millionen darauf verwendet, alle Neger mit weißer Ölfarbe anzustreichen, oder Afrika viereckig zu machen, mich soll's nicht wundern. Wenn ich morgen als Uhu aufwache, mit zwei Federbüscheln statt Ohren und mit einer Maus im Schnabel, ich will zufrieden sein und denken, es sind schon mehr Schlechtigkeiten vorgefallen.

Adelheid. Was haben Sie, Konrad? Sind Sie unzufrieden mit mir?

Bolz. Mit Ihnen? Sie sind großmütig gewesen wie immer; nur zu großmütig! Und alles wäre recht schön, wenn nur diese ganze Scene nicht möglich gewesen wäre. Dieser Senden!

Adelheid. Er wird nicht wieder kommen, — Konrad, ich halte zur Partei!

Bolz. Triumph! ich höre unzählige Engel Posaune blasen! Ich bleibe bei der Union!

Adelheid. Darüber habe ich nicht mehr zu entscheiden. Denn ich muß Ihnen noch ein Geständnis ablegen. Auch ich bin nicht der wirkliche Eigentümer der Zeitung.

Bolz. Nicht? — Nun bei allen Göttern, mein Witz

ist zu Ende, dieser Eigentümer wird mir allmählich gleichgültig. Ob er ein Mensch, ein Irrwisch oder Teufel Beelzebub selber ist, ich biete ihm Trotz!

Adelheid. Er ist eine Art Irrwisch, er ist ein klein wenig Teufel, und vom Kopf bis zur Zeh ist er ein großer Schelm. Denn Konrad, mein Freund, Geliebter meiner Jugend, Sie sind es selbst! (giebt ihm das Dokument).

Bolz (eine Weile starr, liest). Abgetreten an Konrad Bolz — richtig! — Das wäre so eine Art Geschenk. — Kann nicht angenommen werden, ist viel zu wenig (wirft das Papier zur Seite). Hebe dich weg von mir, Überlegung! (Fällt vor Adelheid auf die Knie) Hier knie ich, Adelheid! Was ich rede, weiß ich vor Entzücken nicht, denn die ganze Stube tanzt um mich herum. Wenn du mich zum Manne nehmen wolltest, so thätest du mir den größten Gefallen von der Welt! Willst du mich nicht, so gieb mir einen Backenstreich und jage mich fort.

Adelheid (sich zu ihm neigend). Ich will dich — (ihn küssend). Diese Wange war's.

Bolz (aufspringend). Und dieser Mund ist's. (Küßt sie, sie halten sich umarmt, kleine Pause.)

Oberst, Ida, Oldendorf.

Oberst (erstaunt an der Thür). Was ist das?

Bolz. Herr Oberst, es geschieht unter Verantwortlichkeit der Redaktion.

Oberst. Adelheid, was seh' ich?

Adelheid (die Hand nach dem Obersten ausstreckend). Mein Freund! Die Braut eines Journalisten!

(Indem Ida und Oldendorf von beiden Seiten zu dem Paar eilen, fällt der Vorhang.)

NOTES.

ACT I.

SCENE 1.

PAGE 3.

1. **Gartensaal**, a sitting-room opening on to the garden.

6. **in einem Buche lesend**, 'reading a book,' the usual construction when the act or occupation of reading is thought of; **ein Buch lesen** is to read a book with the idea of going through it.

7. **in der Hand eine offene Schachtel.** Notice two idioms, (1) the accusative absolute, (2) **der** not **seiner**.

Georginen, 'dahlias,' so called from a Russian naturalist Georgi, as *dahlia* from the Swedish botanist Dahl.

10. **gezogen**, 'raised.' The verb **ziehen** is used in this sense of plants and domestic animals; in speaking of rearing children it is only used with some additional words, as **groß ziehen**, **zum Guten ziehen**. The derivative **Zucht** is, however, freely used of human beings, usually in a moral sense.

12. **Sitzung...** 'meeting of the Horticultural Society.' Notice the pure German words where we take ours from Latin.

13. **angeben**, 'announce,' not 'give.'

14. **helle**, 'bright-coloured.'

soll, not exactly 'shall'; it is really equivalent to an imperative 'let...be called.'

16. **bist...schon lange**, 'have long been,' an idiom common to Latin, French, and German.

18. **Lieblingsdichter**, 'favourite author,' not, of course, 'poet'; **Dichter** is applied to writers of works of imagination in general, not

to poets only. In Goethe's title, *Dichtung und Wahrheit*, Dichtung is opposed to fact, not to prose.

Boz, the name assumed by Charles Dickens in his first work, *Sketches by Boz.* The name Boz is more frequently applied to him on the Continent than in England. In Freytag's reminiscences of his student days he tells us how he and his friends fraternized over *Pickwick* with the ladies of a country-house where they spent their vacations. He wrote a short notice of Dickens after his death, dwelling on the influence his works had had in Germany.

Page 4.

7. das ist nichts, 'that won't do.'

schon can hardly be rendered in English except by a slight stress on *was.* This is a good example of the idiomatic use of schon; the Colonel is mentally going through the list of Oldendorf's offences, and comes to his journalism; 'that,' he says, 'without going further (already) was bad enough; but there is worse to come.'

8. sich...hat verleiten lassen, literally 'has allowed himself to be inveigled,' or more idiomatically 'has been inveigled.' Both in German and in French (*s'est laissé décider*), a periphrasis is preferred to the simple passive used in English.

10. aufzutreten, 'to come forward.' The metaphor is slightly different from that in English, the idea being 'to step up on to a platform.' It is especially applied to the stage, whence Auftritt, loosely rendered 'scene,' the appearance of a fresh character.

12. Sonst war...'s, 'it used to be.'

13. an mich halten, 'restrain myself'; we must supply some such words as den Zorn, so that it will be literally 'keep my wrath to myself'; a similar phrase is den Atem an sich halten, 'to hold one's breath.'

17. bewundern without zu, helfen being treated as a verb of mood.

19. doch, 'pray!' or we might say 'you surely need not trouble...'; doch answers the thought passing through the Colonel's mind: 'under ordinary circumstances he would admire them, but don't think of it now.'

20. nichts mehr (not nicht mehr) is exactly like the French *n'est plus rien*, 'is now (henceforth) nothing.'

25. wohl, 'I suppose.' Notice the question asked without inversion of order, as is so often the case in French. The intonation of the voice is sufficient.

26. Herr Abgeordneter... We have no equivalent in English to Herr prefixed to a title or designation except in a few cases like Mr Vice-Chancellor, Mr Mayor. It would be better to turn it 'with your aspirations to parliamentary honours,' which would be equally formal. No doubt there is irony in the German as it stands, but to say 'Mr would-be M.P.' would be rude in English.

PAGE 5.

1. Ich denke doch, 'I think you have, though.'

Es ist ja sonst..., 'it *is* generally the custom.' sonst, which properly means 'under other circumstances,' easily passes into the meaning 'under these circumstances as well as others.'

4. wie die Teufeleien alle heißen, 'all such miserable tricks.'

9. geworden sind...redigieren. Note the difference of tense; geworden sind denotes what happened once for all, redigieren what is still continuing, 'since you became a journalist, and have been editing.'

11. seit der Zeit, 'since that time,' to be read with a stress on der.

der Alte, i.e. 'what you were.'

12. sich...betrachtet; sich is of course in the dative.

15. nachweisen often used, as here, of pointing out something wrong, but not necessarily so used.

18. das wäre ja recht schön. We should say 'that's all very fine.' It is the use of the imperfect subjunctive, or rather the conditional, to express a "modest assertion." It really suggests a protasis, 'if things were so.'

20. Ida mag zusehen, equivalent to an imperative 'let Ida...'

24. aus der Zeitung. We say 'in the paper.'

PAGE 6.

3. Ihnen...sehr hoch anrechnen, literally 'set down to your credit at a very high figure,' an obvious metaphor from book-keeping, like several Latin idioms. Freely 'appreciate most highly.'

4. Wir dürfen dann hoffen. Notice the change of tense, as if Ida assumed that her wish would be carried out.

7. jedes andere..., 'any feeling but pleasure.' Notice jedes for 'any' in an affirmative sentence, where *quivis* would be used in Latin, *tout* in French.

12. Verstimmung, 'misunderstanding,' or perhaps simply 'feeling,' not quite so strong as 'disagreement.' The idea is that of being out of tune. If we translate 'feeling,' it illustrates a difficulty often felt in translating from our own into another language, especially into Latin, viz. that English is comparatively poor in words expressing particular feelings, and often supplies their place by the general term.

17. geht es nach mir, 'if it depends upon me.'

18. Residenz, used of the capital, the place where the sovereign resides.

20. Schonen generally takes the accusative in modern prose; the genitive it used to govern is now practically confined to poetry.

23. versöhnt, present for future, as erobere below.

25. Bescheid, 'answer,' 'decision,' originally used of a judicial decision, whence the phrase bis auf weiteren Bescheid. It is very often used in the phrase Bescheid wissen, 'to be at home in a subject,' properly to 'know an answer' (to anything you may be asked about it).

29. noch does not go with eine. In that case it would mean 'another.' Translate 'he will yet (before he has done) call one...'

PAGE 7.

4. Hören Sie, 'I'll tell you what.'

6. gehört nicht...zu uns, 'is not one of us,' to be distinguished from gehört uns, 'is our property.'

10. Kunst. We should probably say 'nice pictures and music.'

11. Privatgründe, i.e. his aspirations to Adelheid's hand.

16. in diesen Wochen, 'in the next few weeks,' a close parallel to the Latin construction for "time within which," e.g. *hanc* (*urbem*) *hoc biennio* ('in two years from this time') *evertes*, Cic. *Somn. Sc.* 2.

PAGE 8.

3. Was soll ich..., 'not understand!' 'how should I not understand.' Was is often used to mean 'how' or 'why,' as Was haben wir gelacht! 'How we did laugh'; Was schaut ihr mich so seltsam an? 'Why do you look at me so strangely?'

wenn Sie schreien. This ungrammatical order is characteristic of low-class German Jews. Schmock is represented as such on the stage.

5. ordinärer, 'common,' a contemptuous epithet.

7. Neulich, 'the other day.' A common mistake is to render the English 'the other day' by den andern Tag, which means 'the second day.'

8. doch einmal, '*should* just,' with a little stress on *should*, to represent doch. To what thought does doch suggest an opposition?

11. fing Feuer is used both literally and metaphorically. Here perhaps 'was put on his mettle.'

20. den Coriolan, a name adopted by the editors as representing the most uncompromising conservatism. No doubt it was Shakespeare's Coriolanus that Freytag had in his mind; Shakespeare is at least as well known in Germany as in England. Readers of Charlotte Bronte will remember the application of Coriolanus in *Shirley*.

24. abonniert, from the French *abonner*, in which *bonne* is really *borne* ('limit'). The first application of the word was to fiefs where various dues were commuted for a fixed or limited annual payment.

26. Wenn das... See Blumenberg's remark above p. 7, l. 10 for his appreciation of a good dinner.

PAGE **9.**

2. hat Angst vor, 'is afraid of.'

7. Konfusion, 'imbroglio.'

8. für grob halten, as he does just below. Blumenberg, as an experienced journalist, is quite aware that the attack was not really grob. Senden, who is a mere amateur, has not subtlety enough to appreciate the higher literary tone of the rival journal. His next remark Sie sind auf Ehre..., with its patronizing tone, brings out very clearly the attitude of a commonplace Junker to a man of letters.

15. wenn er jetzt... expresses a wish, 'if he only would!'

18. Pfeil, used instead of his signature. Freytag's own contributions to *die Grenzboten* used to be distinguished by ♀ the sign of Venus (Freytag=*dies Veneris*).

22. Periodenbaues. The Colonel prides himself on his elaborate periods; he writes what we should call "Johnsonese," and is quite innocent of the lighter touch of a practised writer.

23. macht sich, another way of avoiding the passive. See note p. 4, l. 8.

bei der Revision, 'when you correct the proofs.'

26. reinen Mund gehalten, 'mum's the word.' The past participle, either alone as nicht geplaudert, 'don't chatter,' or with an accusative absolute as here, is often used where we should use an imperative.

PAGE 10.

1. **hält**, 'runs.'

4. **Nerven wie die Frauen.** Compare what Bolz says p. 87, l. 25.

6. **Geht mir**, 'come now,' like *allons donc* in French, or our old 'go to.' It is literally 'go as far as I am concerned,' **mir** being the ethic dative. Of course it is really the Colonel who is **empfindlich**, as appears below, and it is a touch of "Dramatic Irony" to make him thus by anticipation condemn himself unconsciously.

ihr, perhaps because he is speaking of journalists in general; but he afterwards uses **euch beiden** in addressing the two men, to whom individually he says **Sie**.

10. **Ich lobe vieles nicht**, 'I disapprove of many things,' not 'I do not praise many things.' Notice the difference between **vieles** and **viel**, as in the proverb **lerne auf einmal nicht vieles, sondern viel.**

11. **Attaque**, 'taking the offensive,' leading up to **Einhauen**, 'the charge.' There are many French military words in German, chiefly dating from the days of Frederick the Great.

17. **gebracht**, 'produced,' as in **der Baum bringt Früchte.**

26. **ich wäre anmaßend**, 'I presumptuous!' It may be taken as a case of implied oblique oration, 'do they say that I am presumptuous?' or simply as the apodosis of a conditional sentence, 'should I be presumptuous (if they had their way)?'

31. **nichtswürdig**, 'infamous,' rather a strong word.

PAGE 11.

4. **etwas anderes**, 'something different,' **noch etwas**, 'something more.' To render the two in combination we might say 'to your bad principles is added yet a new feature...'

19. **Rücksicht.** It is not very easy to render by one word in English the slightly different meanings of **Rücksicht** in the three places where it occurs. In the first it means simply 'regard,' 'notice'; in the second it has more the meaning of 'reserve'; and in the third it approaches more nearly to 'respect.' Perhaps we might translate freely 'to respect the presence of strangers. Do not talk of respecting anything. It would have been for you to show respect...'

23. **sonst**, literally 'under other circumstances,' and therefore

'generally'; see p. 5, l. 1 note. In idiomatic English it is better left untranslated.

24. Aufrichtigkeit, 'frankness.' The word 'honesty' would be scarcely courteous.

PAGE 12.

9. daraus...daß Sie...sind, 'of your being.'

ein Korrespondent, 'a contributor.'

des Coriolan. When a proper name has the article, it is left uninflected.

11. es ertragen; es, which, so to speak, introduces the next clause, is omitted in English.

12. zum Vertrauten, the commonest construction with werden and machen, though apposition is also used. Notice the totally different construction in French, *faire de vous le confidant.*

14. lüstern, an adjective.

18. gewinnen, 'come to.'

19. Ich empfehle mich Ihnen, a formal leave taking, addressed to Senden and Blumenberg.

23. Adelheid. Her entrance is admirably timed so as to put an end to an embarrassing scene.

PAGE 13.

1. Gut Rosenau, literally 'the estate of Rosenau.' We should say simply 'Rosenau.'

empfiehlt sich, 'sends its respects'; grüßt is less formal.

5. Herr Redacteur B., 'Mr Blumenberg, editor of the Coriolanus.' See p. 4, l. 26 note.

6. unsere eifrige Landwirtin. In Germany it is far more common than in England for the proprietor of a considerable estate to farm it himself. That Adelheid does so is implied by Landwirtin, which has no exact English equivalent. Perhaps 'our enthusiastic lady farmer' would be the nearest. It will be noticed from Adelheid's next speech that Senden leaves his farming to be done by a bailiff, and that it suffers in consequence.

13. Feld, not a single field, but 'land,' 'estate.'

18. Dafür, 'to make up for that,' not of course 'therefore.'

19. Die Nachbarschaft, 'the neighbourhood,' meaning 'the neighbours.'

22. Sie bewilligen, 'you will I am sure grant me.'

23. noch heut. The meaning of noch is strictly 'while it is yet to-day,' 'before the day is over'; it need not be translated; 'this very day' expresses a little too much.

29. gut werden, 'be set right.' We use 'good' in the same way in the phrase 'to make good.'

31. ging...an mir vorüber, 'went past me.' German is very fond of such combinations, cf. unter dem Tisch hervor, 'from under the table.'

PAGE **14.**

12. mündig, 'of age.' It has nothing to do with Mund, 'mouth,' but comes from an obsolete word Mund or Munt, meaning 'power,' 'protection.' Thus mündig means 'having power.' Cf. Mündel, ward, Vormund, guardian.

13. Rechtsfreund, literally 'legal friend'; we should simply say 'lawyer.' Notice that Gesetz means 'a law,' 'an enactment'; Recht, the 'science of law,' 'jurisprudence.' Thus a lawyer may be called Rechtsgelehrter or Jurist with reference to his legal knowledge, Advokat or Sachwalter with reference to his practice.

Justizrat. In Germany the more distinguished members of a profession generally hold the honorary appellation of -rat, 'councillor,' a title conferred by the sovereign. Higher grades are Hofrat, Geheimrat.

14. zum Rechten sehen, 'to see things put straight.' Rechten has the meaning 'to regulate,' 'put in order,' as well as the commoner one 'to go to law.'

19. Da wäre viel zu reden, 'that's a long story'; see note p. 5, l. 18.

27. doch wohl er, 'why he, I suppose'; doch answers the possible thought that the Colonel himself had changed.

vielem; see p. 10, l. 10 note.

PAGE **15.**

1. wohl...ja, a good illustration of the difference of the two particles.

3. ein Rosenauer Kind, 'he was brought up at Rosenau.' See any grammar for the termination er.

4. Schon, 'even.' It implies that if you go as far back as the General's time, Bolz was intolerable. In slovenly English 'already' is getting to be used in the same way.

8. soll, 'is said to.'

17. heißt es, 'that's what they say.'

22. **Ich spiele...**, 'I will carry the war...'

25. **Dornenrose**, 'wild rose,' not the same as **Dornröschen**, 'the Sleeping Beauty in the wood.' There is perhaps an allusion to Goethe's poem *Heidenröslein.*

28. **umschwärmt**, inseparable because the prefix changes the intransitive **schwärmen** into a transitive verb.

29. **einem Heer Anbeter.** The general rule as to the partitive genitive is that a plural noun with article or adjective is put in the genitive, as **ein Heer liebevoller Anbeter**, the case being thus sufficiently indicated. If, however, the noun stands alone, **von** is used, as **ein Heer von Anbetern.** Side by side with this construction, that employed in the text, analogous to **ein Pfund Fleisch**, is idiomatically used with some nouns like **Menge**, &c. In that case the second noun is treated as indeclinable, i.e. we must say **einem Heer Anbeter** and not **einem Heer Anbetern**, as would be the case if **Anbeter** were in apposition to **Heer.**

PAGE 16.

6. **Kommando**, used both in this sense and in that of 'detachment,' familiar in connexion with the South African war.

8. **nach Ihrem Willen...**, another example of "Dramatic Irony." The Colonel's prophecy comes true in a sense he had not thought of.

15. **Es gilt**, 'done!' 'that's a bargain,' literally '(the wager) holds good.'

17. **Das war überlistet**, 'that's one to you,' literally 'that is a case of out-manœuvring me.'

PAGE 17.

2. **Stearinlichter**, 'composite candles,' then beginning to supersede tallow.

5. **sich...ansehen.** See p. 5, l. 12.

8. **daß ich nicht hier war**, 'since I was here.' The word **nicht** is not superfluous, though it seems so in translation; **daß** is really equivalent to 'during which'; the construction then speaks for itself.

21. **Ob ich den besuche**, 'visit him?' A "repeated question" is often introduced by **ob**, before which one mentally supplies **Sie fragen.** Greek scholars will remember the use of ὅ τι &c. Thus to *οὗτος τί ποιεῖς;* (Ar. *Ran.* 198) the answer is *ὅ τι ποιῶ*, 'what am I doing?'

22. darauf gefreut. With denken and sich freuen, auf is used when the object of the thought or satisfaction is in the future. Thus ich freue mich daran or darüber means 'I take pleasure in something present,' ich freue mich darauf, 'I look forward to something with pleasure.'

23. Das; notice the neuter, like French *ce*.

27. am Dorfe hängt, 'clings to the village,' 'loves the village.' So am Leben hangen, 'to cling to life.'

30. ausfragen; we might say 'cross-examine'; aus means 'thoroughly,' 'to the end.'

der Wirtschaft, 'the farming,' i.e. Landwirtschaft, not of course 'the public-house,' which is a common meaning of Wirtschaft.

PAGE 18.

6. nur, 'just,' 'mind you just tell him that.'

7. Schock, 'three-score.' The word had originally a looser sense 'a heap,' as the English 'shock' of corn, meaning a pile of sheaves.

9. Goldschleien, 'golden tench,' not 'goldfish.' The golden tench, a favourite fish for ornamental water, was first cultivated in Silesia, Freytag's native province.

11. umgelegt; why separable?

20. Auf die Weise; die emphatic, 'in that way.'

30. Bei dem werde ich..., 'I shall not get any comfort out of him either.' Our 'nor' at the beginning of a sentence or 'either' at the end of a negative sentence is rendered in German by a negative with auch, as in French by *d'ailleurs* with a negative.

PAGE 19.

8. Das wäre ja; he would have gone on to say 'very strange.'

10. wird...am wenigsten sagen, 'will be the last person to tell you,' literally 'will tell you least of all,' i.e. less than any one else. Notice the difference between am wenigsten and wenigstens, 'at least.'

14. dahinter...kommen, 'get at the secret,' 'get to the bottom of it'; cf. the phrase 'go behind the record.'

17. schon, 'certainly,' 'readily enough.' The idea is that Bolz will no doubt manœuvre, but Korb is already so far advanced in his plan that he will out-manœuvre him, or get the better of him.

20. entgegentrug, 'sprang upon me,' literally 'brought to meet me,' i.e. put forward before I was prepared to meet it.

SCENE 2.

PAGE 20.

2. **Arbeitstisch**, 'library table.' It may also mean a workman's 'bench'; a lady's work-table is **Arbeitstischchen**.

12. **Schelm**, 'rascal,' now used familiarly without any bad sense. Its original meaning is 'carrion' and then 'pestilence.'

17. **vom Boden**, 'from the loft.' There is a description of such a loft in Erckmann-Chatrian's *Waterloo*. The soldiers quartered in a room partitioned off with laths from such a loft see piles of dirty linen through the laths. See p. 34, l. 16 note.

19. **die große Seeschlange** used to be common enough in English newspapers in the silly season. It is not quite absurd; there is a continuous tradition of such creatures from the days of Norse legend to the present time. The most probable explanation connects it with a gigantic squid or cuttle-fish, like the creature in Victor Hugo's *Les Travailleurs de la Mer*, but the imagination of sailors has often taken other objects, such as a shoal of porpoises or a bank of seaweed, for a monster.

20. **Alle Wetter**. The common use of Donner, Donnerwetter &c. in oaths is really an appeal to the lightning and thunder to strike or blast oneself or one's interlocutor.

PAGE 21.

2. **Nippessachen**, generally used of trinkets and small ornaments; here we might perhaps say 'snippets,' or 'pars' (short for paragraphs).

7. **es fehlte an...**; the impersonal construction is much commoner than the personal construction es fehlten sechs Zeilen.

9. **keine gute**, 'not a good one.'

11. Eingesandt, '*communiqué*,' 'from a correspondent.'

z. B., zum Beispiel, 'for instance.'

13. auf der Straße, 'in the street'; auf is used because the street is looked upon as an open space, as auf dem Markt, auf dem Feld; but a house would be spoken of as in der Straße.

haarsträubende, 'enough to make one's hair stand on end.'

16. **erbissen**, 'bitten to death.'

23. **bessere dich**, 'turn over a new leaf.'

PAGE 22.

2. Liebesbrief; a number of compounds are formed from Liebes, though Liebe is a feminine noun. There seems to be no satisfactory explanation.

5. führte...spazieren. The infinitive spazieren is used without a preposition with verbs of motion as gehen, fahren, reiten &c., with the idea of walking, driving &c. for pleasure. It comes from the Latin *spatiari*, 'to walk about.'

12. etwas anderes. Note that anderes has a small initial letter, but Schönes in etwas Schönes a capital. The principle is that Schönes is treated as a noun, anderes as a pronoun.

15. Räucherkerzchen, 'pastille'; räuchern means 'to fumigate,' and räucherig, l. 16, may be translated 'incense-breathing.'

17. nur einmal, 'so much as to,' 'just,' not 'only a single time.' The stress is on mal, not on ein.

25. die Unverschämtheit; die is emphatic.

31. durchsetzen, separable or inseparable?

Aktien, literally 'shares' in a commercial undertaking, from the French *action*. The metaphor is obvious.

PAGE 23.

7. Wahlmänner. The system of "indirect elections" to the Chambers or Parliament still exists in Prussia, where it was introduced by the Constitution of 1850. Instead of voting directly for their representative, the ordinary voters of a town or district are divided into three classes, according to their taxation, each *class* having equal powers. They then go through the form of a "primary election," choosing a certain number of Wahlmänner (in this case 100) who, in their turn, proceed to the final (or secondary) election of the deputy or M.P.

15. kommt, a good example of the present where we use the future.

24. 5—6; supply bis for the dash.

26. Was ist's... Notice the neuter es (p. 17, l. 23 note) and eine Art Mann (p. 15, l. 29 note).

PAGE 24.

1. eine häßliche Frau. See Act II. Sc. 2 for the way Bolz ingratiates himself with Mrs P.

8. **heut abend**; in the new orthography **abend** in this phrase is treated as an adverb, not as a noun, and therefore has a small initial letter.

9. **Es bleibt...dabei**, 'it is still understood,' 'we stick to it,' 'the arrangement holds good.'

12. **gehen...zu Leibe**, 'assail,' 'go at him.'

vornehm, 'with dignity,' 'like a gentleman'; **ein vornehmer Herr** is the equivalent of the French *un grand seigneur*.

13. **Balgerei**, 'horseplay.'

14. **gerade jetzt**, 'just at this moment.'

15. **Blößen**, 'openings'; originally a fencing term. It is worth while to compare our 'blot' in backgammon, applied to an unprotected man.

21. **Herzblatt**, properly the inner leaf or 'heart' of a cabbage or lettuce; often used, as here, as a playful term of affection.

PAGE 25.

1. **Um alles nicht**, 'on no account,' 'not at any price'; **um** is often used with words denoting price, **um baares Geld kaufen** &c.

17. **wenig gefordert**, ironical, 'a very moderate demand.' Notice the absolute use of the past participle, as in the proverb **dreimal umgezogen ist so gut als einmal abgebrannt**, 'three removes are as bad as a fire.'

18. **leide unter**, we say 'I feel.' See p. 6, l. 12 note.

22. **wenigstens** belongs to **jetzt**.

Hanswurst, literally 'Jackpudding,' the older use of the word pudding (e.g. black pudding) being not unlike that of sausage. Hanswurst was the clown of medieval drama. One of the first appearances of the word in literature is interesting. It occurs as the title (*gegen Hans Worst*) of Luther's attack on the Duke of Brunswick-Wolfenbüttel (1541). Translate 'don't play the fool.'

PAGE 26.

1. **wird verhängnisvoll**, 'is likely to be a critical one.' We have no word exactly answering to **verhängnisvoll**, 'fraught with destiny.' For Freytag's views as to the importance of the crisis, see Introduction. Notice the transition from gay to grave in Bolz's conversation.

9. **dich...unterhalten**, 'talk to you.' It does not always mean 'to amuse,' 'entertain,' though it often does.

15. **die wir**, an idiom to be noticed.

18. **jeder Augenblick Schwanken.** See p. 15, l. 29 note.

21. Auch ich; auch belongs to ich only, not to the sentence, as is shown by the order.

22. wo, used of time, as *où* in French after an antecedent denoting a point of time. So in dem Augenblick wo, heute wo.

24. vergebe...weder unserer Sache, 'am not in any way prejudicing either our cause...' Vergeben properly means 'to give away' (as well as 'to forgive') and the dative with it denotes the person indirectly affected by the giving away, in this case affected injuriously. Thus it is literally 'I do not give away anything to the detriment of our cause.' A similar instance is „Philipp II selbst vergab seinem spanischen Stolze so viel, daß er sich öffentlich für Egmonts Schuldner bekannte" (Schiller), 'so far sacrificed his Spanish pride,' not 'sacrificed so much to his pride.'

27. Courage, one of the many French words used in conversational German.

29. geworden, not worden, because vertraut is an adjective, not a participle.

PAGE 27.

4. Die fehlte noch; we should say 'worse and worse'; it is literally 'she was still wanting' to complete the imbroglio.

5. den Ritter..., as if the Colonel were a sort of survival of the days of chivalry.

10. Kuckuck, a euphemism for the devil, possibly from the prophetic gifts ascribed to certain birds.

15. meinetwegen, 'for all I care.' The older form was von meinen Wegen. A t was introduced, as in allenthalben, namentlich, and as *d* in the French *viendrai*, *gendre* (from *generum*) &c., to facilitate the pronunciation of n. Finally the n dropped out.

26. Schnabeltier, 'ornithorhynchus' or 'platypus.'

PAGE 28.

2. Machen...anschaulich, 'give a good general idea of it.' Anschauung is a technical word used both in philosophy and in the theory of education ('look and say' method). It means gaining an idea of anything as a whole, as distinguished from studying its detail, in fact, the opposite of "not seeing the wood for trees."

6. die Runeck; the use of the article is in no way disrespectful. It is constantly prefixed to the name of a person well-known to the speakers, as der Fritz, die Marie, in talking of the members of a family. The existence of a feminine article in German makes it as natural to speak of a lady as **die Runeck** as it is to talk of a man of one's acquaintance without prefixing Mr.

9. **Schlosse**, 'the place,' 'the manor-house,' as *château* in French; 'castle' is much too grand.

15. **Montecchi und Capuleti**, 'Montagues and Capulets,' from *Romeo and Juliet*. There is a little irony in this illustration of **Familienzwistigkeiten.** Bolz drops it thoughtlessly; the spectator, fresh from the conversation between Adelheid and Korb, sees that there is more than childish friendship behind.

17. **Ich will nicht hoffen...**; we should say 'I hope it was not politics...' Both languages use 'hope' in rather a changed sense, as meaning 'to be anxious to believe.' The phrase **ich will nicht hoffen** is very common in this connexion.

20. **im Spiel** is placed at the end, because **war...im Spiel** is really equivalent to a single verb, and therefore **im Spiel** stands where a separable particle like **aus**, **ab** would stand.

23. **In Glaubenssachen...** gives a striking illustration of the condition of German thought at the time. The battle for freedom of thought on religious questions had been already won by Lessing and others, at least as far as the educated world was concerned; the struggle for political freedom had only just become a real one. It was at that time a constant reproach directed against Germans that they were too much given to abstract thought and not practical enough, that their intellectual education was far ahead of their education in politics.

26. **um einige Schattierungen**; **um** is frequently used to answer the question 'by how much?'

28. **Stoff für den nächsten Artikel**; Bolz never forgets his business as editor; no one but a practised journalist like Freytag would have thought of this delicate touch.

PAGE 29.

1. **Achtung vor**; **vor**, 'in the presence of,' is often used where we prefer another preposition. The selection of proper prepositions to connect one noun with another is one of the difficulties of German composition.

5. **einen Artikel schuldig**; many adjectives used predicatively with **sein**, as **satt**, **überdrüssig**, **gewahr**, used to take a genitive, and still often do so, especially in poetry. But modern usage prefers an accusative, treating, for example, schuldig sein as the equivalent of a transitive verb 'to owe.'

der verbotenen Fehde, i.e. gegen den Ritter mit dem Pfeil.

12. Ugues, evidently a brand of cigars, whether "made in Germany" or not, is not clear.

16. stört; in an oblique command, German, like other languages, uses the subjunctive as „Sorgt, daß mein Oheim uns nicht überfalle." But there is a growing tendency to substitute the indicative, as is also the case in final sentences after damit.

Das wäre abgemacht, 'well, that's settled.' See p. 5, l. 18 note.

18. will...zu ihr; the omission of gehen, kommen, &c. with verbs of mood is very frequent.

23. trommelst; it is characteristic of Bolz to use a slightly humorous word, even when he is really moved.

26. Nichts über..., 'nothing better than'; we should say 'nothing like.' Notice how well-timed Korb's appearance is.

PAGE 30.

4. erst ich, 'what must I be?' The idea is that it is only when you get as far as me that you know what gladness is.

6. Großknecht, 'head servant' on a farm.

7. dem...sein Horn, a conversational way of putting the dessen Horn of ordinary prose.

11. der selige, 'the late'; it properly means 'blessed' (it is the word used in the Beatitudes), 'in paradise.'

12. ärgerlicher, 'irascible,' 'ill-tempered.'

15. vollends, literally 'completely so,' 'absolutely so,' and thence 'especially so,' 'still more so.'

21. hergesprungen; springen is often used in the sense of 'to run.'

24. Das will ich meinen, 'I should think so.' See p. 28, l. 17.

30. auf dem Schlosse, not in dem Schlosse. The idea is 'up at,' 'castles' being on high ground. The preposition is retained though Schloß now only means 'a country-place.'

PAGE 31.

2. erst heut, 'only to-day,' 'as late as to-day,' differing a little from the ordinary meaning 'not until to-day' found in p. 30, l. 20 erst heut abend.

6. ein toller Christ, 'a wild fellow.' So ein wunderlicher Christ, 'a strange fellow.' Of course Christ means literally 'Christian.'

8. O weh!, 'oh dear,' not a strong expression of grief, like 'woe's me!' or 'alas!'

23. Ressourcenfest. Ressource means 'a club,' possibly from a confusion of the French *ressource* with *ressort*, which had, among other meanings, that of 'a refuge.'

PAGE 32.

4. Wie fang' ich's nur an, 'how can I possibly set to work.'

hinter seine Liebschaften komme, i.e. make out if he is paying his addresses to any one.

6. in diesem Geschäft, i.e. in the publishing-office.

7. empfehlen, 'introduce.'

12. mir keinen Rat weiß, 'don't know what to do'; Rat is often equivalent to 'expedient,' 'means of getting out of a difficulty.' The dative mir is a dative of interest 'for myself.'

13. einmal..., 'happen not to be here.' The accent is on mal.

20. vertritt...meine Stelle, 'represent me,' not vertritt mich. So ein Stellvertreter is 'a representative,' 'a person who takes one's place.'

26. Tragekörbe, 'carry-baskets,' 'basket-carriers,' or it may be for Tragkorb, a basket for carrying.

27. auch mich, possibly a jocose reference to *Hamlet* v. 1 "he hath borne me on his back a thousand times."

PAGE 33.

10. Diener, 'excuse me,' literally 'your humble servant.'

14. Ich hab's gleich gesagt, 'that's just what I said,' rather than 'I said so directly.'

Es soll..., 'let it be...'

20. diesen Menschen, 'this fellow,' i.e. Senden. Bolz is continuing his soliloquy from l. 8; naturally enough Henning takes it to himself, especially as he is meditating treason.

PAGE 34.

4. weicht mir aus, 'gives me a wide berth,' i.e. keeps out of direct controversy with me.

6. in Harnisch brächten, 'would infuriate.' It originally meant 'cause to put on his armour.'

9. Eine Dame?...; he thinks for a moment it is Adelheid.

11. geb., i.e. geborene, French *née*.

12. von der Kunst, 'in the profession,' connected with the theatre.

14. ließen, the imperfect subjunctive is always used in oblique oration when the present subjunctive has the same form as the present indicative, as is the case in the first and third plural. So könnten, säßen.

16. Wäsche. In Germany it was customary not to wash linen weekly, but to have great washes at intervals of several weeks. Hence the large quantity of linen which a thrifty bride was expected to bring to her husband.

21. Sie sind ein Strohkopf, 'you can't say boh to a goose'; almost 'you are a blockhead.'

PAGE 35.

4. ziere dich nicht, 'don't pretend to be shy,' '*ne faites pas tant de façons*'; it is used of a person who affects to shrink from what he is really very anxious to do.

11. Adelheid..., a continuation of Bolz's soliloquy about Senden, p. 34, l. 6.

ACT II.

SCENE 1.

PAGE 36.

13. zürnt auf; zürnen takes a simple dative, auf with accusative or mit when persons are spoken of, über, um or wegen when things are referred to.

16. nicht einmal, 'not even,' 'not so much as.'

Braut, 'engaged to him. Braut and Bräutigam are used of betrothed persons as well as of a bride and bridegroom; betrothal is in Germany a formal ceremony.

17. gehörst in has the same meaning as gehören zu (see note p. 7, l. 6); whether the preposition zu or in should be used depends on the noun following.

18. mich...ausgesprochen, 'spoken my mind.'

neulich, 'a little while ago.'

PAGE 37.

4. Na, 'come, come!' like *allons!* or *par exemple!* It is used to fill up a pause, giving either the speaker or the person he is addressing time for reflection. Hence it may express different feelings; here it is an expression of impatience.

5. noch, 'moreover.'

7. einmal, 'just,' 'do just send to him.'

9. Eine Empfehlung, 'our compliments.'

15. Warum hat er sich nur..., 'why did he...at all,' with stress on 'did'; nur often goes with interrogatives, as wie kommt er nur hieher? 'how *did* he get here?'

16. aufstellen corresponds to auftreten, p. 4, l. 10. Our 'put up' is a different metaphor, from pasting up a notice &c.

18. steckt; this is one of the many cases in which German uses a more expressive verb where we should simply say 'is.' So in dem Kerl steckt was, 'there's something in that fellow.' Compare stehen, p. 40, l. 28; sitzen, p. 45, l. 2.

19. Lokomotiven, comparatively new at the date of the play.

20. dabei, literally 'in connexion with it.'

21. so nackt dar: notice the colon in this speech before the quotation.

23. Das geht feiner zu, 'it is a subtler process than that'; zugehen is often used like hergehen, as in der Welt geht es sonderbar zu, 'strange things happen in the world.'

27. umgehangen, why separable? For the sense see p. 46, l. 15.

PAGE 38.

5. Erfahrung macht klug. Notice a favourite artifice of Freytag's; no sooner has the Colonel quoted the proverb than circumstances arise which prove it untrue. The same thing happens to Adelheid, p. 47, l. 7, and has already happened to Bolz, p. 29, l. 26, where he has just said nichts über kaltes Blut.

9. verweilt nie lange; he is looking forward to Oldendorf's company at the Kaffeestunde.

14. im Auftrage, 'in the name,' literally 'in the commission.'

16. Komitee seems to be a smaller body than the Ausschuß, what we call 'executive committee,' if there is any real difference.

23. kann; in final sentences the indicative is often used in modern German instead of the subjunctive, which is the normal mood in all languages.

PAGE 39.

1. der Präsident, probably the chairman of the committee.

2. Abkommen, 'arrangement,' answering to abreden, 'to make an appointment or arrangement.' The idea of ab- in these words, as in abrichten, 'to train,' is that of doing something after a given model or standard.

3. sich...bewerben, 'to stand.' It is only used as a reflexive verb, and is followed by um; thus sich um ein Amt bewerben, 'to solicit, to sue for a post,' um ein Mädchen, 'for a lady's hand.'

9. durchsetzen, separable in this sense.

12. sehe...ein, 'see,' in the sense of 'understand,' generally after reflection.

16. einiges, 'a few considerations.' The neuter singular is often used where we prefer a plural, as in vieles, 'many things.'

18. wo sie zuweilen...; just like Mephistopheles and Martha in the garden scene in *Faust.* Does it suggest that Blumenberg is a sort of Mephistopheles?

21. verkehrt, see p. 3, l. 16 note.

30. noch is hardly to be translated or might be rendered 'mere obstinacy.' The idea is that it must scarcely *still* be called obstinacy, but that one must go on to a harsher name.

PAGE 40.

9. angestellt, 'made,' an example of a more expressive verb being used in German than in English. See note p. 37, l. 18.

10. wäre es ganz recht, 'it would serve him quite right,' not 'it would be right for him.' Es geschieht ihm recht is used in the same way, and is the more usual expression. Es ist mir recht more generally means 'I consent,' 'I am agreeable.'

26. auch er; the order shows that auch belongs to er only, not to the sentence.

28. standen, in English simply 'were.' Cf. p. 37, l. 18.

junge Hähne, 'cocky young fellows.' Hahn applied to a man implies a certain amount of self-confidence. Probably from *Reineke Fuchs.*

PAGE 41.

2. braver, 'good,' 'honest,' not 'brave,' which is tapfer.

5. müßte ich, 'I should have to.'

9. es ist die höchste Zeit, 'there is no time to be wasted,' 'it is high time.'

20. das nähere, 'the details' as distinguished from the general question, which may be thought of as seen from a greater distance. Though used as a noun nähere is now written with a small initial letter, because like etwas, nichts &c. it approaches in meaning to a pronoun.

22. Freuden; though Freude is feminine the termination is retained in the phrase mit Freuden, as in other stock phrases like zu Ehren, auf Erden, and in various compounds like Sonnenschein.

25. dem Kriegsminister. The Colonel catches at the idea that the minister suggested his standing; Senden had only said that he enquired after him.

PAGE 42.

1. erzählt man sich; sich means 'to each other'; 'there is a rumour.'

9. stichhaltiger, 'more able to stand the test,' 'sounder.' The first meaning of Stich is 'prick' or 'thrust' (Hieb und Stich, 'cut and thrust') and thus stichhaltig may mean 'able to stand the thrust of the lance.' A derived meaning is 'stitch' (prick of the needle), and it may be from this that stichhaltig comes, designating a piece of stuff strong enough to hold the stitch.

10. Also, 'then,' 'therefore,' never 'also.'

17. widerwärtigen, 'odious,' originally 'contrary,' which has a little changed its meaning as in our "Mary, Mary, quite contrary." The ending -wärtig is from the adjective of which the adverbial form appears in abwärts, aufwärts &c., so that widerwärtig is literally 'turned against.'

25. feuriges, 'ardent,' 'excitable'; 'fiery' would be too strong.

31. ein alter Stamm aus hartem Holz. We have no exact expression to render this. 'I am like seasoned timber' gives the sense approximately.

PAGE 43.

2. Gelehrter, Wissenschaft. We have no exact equivalent to these words, which refer to all the studies pursued at a University, whether literary or scientific. As Oldendorf was obviously literary rather than scientific, we might render Gelehrter by 'scholar.' Wissenschaft is more difficult to translate; besides the general sense of 'science,' 'knowledge,' 'erudition,' it means in relation to a Gelehrter what Geschäft means

in relation to a man of business. Probably the vaguer word 'profession' would be the best rendering.

Ruf, 'reputation.' The word has also a technical meaning, the 'call' or invitation addressed to a professor to accept a chair at a University.

3. Thätigkeit, 'sphere of activity,' or simply 'sphere' or 'line.'

5. Zurücksetzung, 'slights.' This is a clever touch. The dramatist, instead of making his hero perfect, lets us see his weaker side. The Colonel's rejoinder is as well-founded as Oldendorf's appeal. Neither of them has exactly the qualifications for political life.

bei Ihren Ansichten, 'with your views'; bei, 'in connexion with,' may mean either 'because of,' or 'in spite of,' according to the context. The Colonel's estimate of the unpleasant side of a Liberal politician's position is evidently taken from Freytag's own experience.

9. ich thäte es. The normal order is, of course, (so) thäte ich es. Occasionally the inversion is not observed; the speaker pauses for a moment after the conditional clause, and begins a new sentence, which thus becomes more emphatic. Thus in Schiller, *Wall. Tod*, 1205,

O hättest du vom Menschen besser stets
Gedacht, du hättest besser auch gehandelt.

12. Und ich darf auch nicht, 'nor can I.' See p. 18, l. 30 note.

13. der guten Sache, a favourite expression of Conservatives for their own cause from the time of the Roman *optimates* and Cicero's *boni*.

22. erst, 'first,' i.e. before your inevitable defeat.

24. bis zur Entscheidung, 'till the verdict is given.' Entscheidung is the regular word for a judicial decision.

29. er tritt nicht ein; present for future, a frequent usage both in French and in German.

PAGE 44.

1. da, 'then,' i.e. 'in that case'; da is not used for 'then' referring to time.

5. Eben deshalb, 'just for that reason,' 'for that very reason.'

6. Ich darf...Sie können. The distinction between dürfen and können is that the former denotes a *moral* possibility, the latter a *physical* possibility. Oldendorf does not say Sie dürfen; that would have been to contradict what the Colonel has said of his feeling of obligation.

nicht mehr, 'no longer.'

7. es represents zurücktreten, as *le* in French often represents an infinitive.

10. wären wir, 'I suppose we are,' literally 'we should be, if...'

17. Trauriges; see p. 39, l. 16 note.

20. Zuletzt, 'in fine,' 'in conclusion,' '*en fin de compte*,' not 'at last,' which would imply that things had been leading up to this result.

21. sich...schlagen lassen, 'to be beaten'; the idea is 'to get yourself beaten,' not 'to let yourself be beaten.'

27. Vorläufig, 'for the moment,' 'just now.' The strict meaning is 'as a preliminary,' 'provisionally.'

30. meiner not an mich is used here with denken; the genitive of pronouns in such combinations as vergiß mein nicht has survived as a familiar phrase, though in other cases superseded by the preposition and its case.

PAGE 45.

2. sitzt, see p. 37, l. 18 note.

12. Ist die Wahl vorüber? Adelheid cannot help chaffing the Colonel a little; it is a pretty way of saying "don't count your chickens before they are hatched."

13. Keins von beidem, 'neither.' German used to have a single pronoun and adjective (*newëder, enwëder*) to express 'neither,' but has lost it.

14. dadurch...daß, 'by not retiring,' a very common idiom.

24. von der Seite, 'on that side,' der being emphatic.

28. das laßt euch...genügen, 'let that content you,' 'I can't tell you any more'; euch is dative.

PAGE 46.

4. einmal, with the accent on mal; when it means 'once' opposed to twice, thrice, &c. the accent is on ein. In sentences like this it is not easy to translate; we might either emphasize *is* or put in 'you know,' the sense being much the same as that of doch or freilich. Probably the idea is 'to explain once for all, the custom is,' but any such idea is quite forgotten. Notice the use with the imperative, komm einmal hier, 'do come here,' 'just come here.'

5. schon; see p. 4, l. 7 note.

6. Anhange, a little contemptuous, 'following.'

10. Nein! 'who would have thought it!' 'impossible!' often used as here to express great astonishment.

Kaum, 'only just.'

13. anschaulich, 'plainly,' 'perspicuously' are perhaps the nearest equivalents in English. See note p. 28, l. 2.

14. Burnusse; the *bournous* is a white cloak with a hood, used by the Bedouins. A lady's cloak imitated from it was then in fashion, probably in consequence of the French wars in Algeria 1830—40. Notice Adelheid's picturesque and humorous description.

15. darauf goes with der nächsten Stunde, 'after it.'

läßt sich...umhängen, literally 'allows to be put on himself,' expressing in a slightly different form the idea of umnimmt. Notice that in German the English 'put on' is expressed in various ways to suit different articles of dress, einen Hut aufsetzen, einen Rock, Handschuhe anziehen.

22. durchfallen, the regular word for 'failing' in a competition or examination.

23. nur einer, 'only one of them'; there is a stress on einer.

24. sinnbethörenden Trank; we should say 'sense-enthralling' or 'soul-subduing draught,' if we want to keep up Adelheid's figurative language.

30. jemals eine Zeitung anzusehen, a little bit of "dramatic irony"; she eventually marries a journalist. It is accentuated by the appearance of Korb with news of Bolz.

PAGE 47.

4. Braut, see p. 36, l. 16 note.

5. e i n e, spaced because it means 'one' not 'a.'

12. Ach, daß... Of course she is obliged to invent an answer to Ida's question. Notice the cleverness of the speech; it would never have done for Adelheid to be unconscious of her own inconsistency. For the Colonel, whose sense of humour is limited, it is all very well; but Adelheid, though quite as inconsistent, is bound at any rate to be the first to laugh at her own failing. Selbstironie is a favourite trait of Freytag's stronger characters, as for example, of George Saalfeld in *die Valentine* and of Bolz himself.

16. arme Sünder, not exactly 'miserable sinners,' which is a tempting translation. Ein armer Sünder is the recognised term for a person condemned to death or other severe penalty. Note the expressions Armensünderstuhl, Armensünderglocke. Perhaps 'we must all cry *peccavi*' would do.

21. die hatte, 'she had,' a form preferred in simple narration to the more formal relative clause. It is very common in Grimm's tales, e.g. Es war einmal eine alte Geiß, die hatte sieben junge Geißlein.

22. übermütigen, 'saucy'; none of the bad meanings of the word would be in place.

23. rührendes; we often use 'touching' in the same semi-serious way.

PAGE 48.

9. Burgsöller, literally 'attic in a castle.' The playful suggestion of a medieval heroine of romance may be given by translating 'bower.'

10. Sie hätte; this is quite in character; Ida is always very plain-spoken.

25. auf den, see p. 17, l. 22 note.

28. wenig lebende Menschen. Viel and wenig are often left undeclined before a plural noun, when they have a collective sense, and the individuals are not thought of separately. Thus Studieren jetzt viel Deutsche in Bologna? 'any large number of Germans.' Here there is no intention of specifying what lebende Menschen know it.

SCENE 2.

PAGE 49.

19. Arrangement. Senden seems very much given to French words; he has just used superber. Blumenberg's caution, fein Sie populär (p. 50, l. 10), is not unnecessary.

22. zum Anfang, 'for a beginning,' not quite the same as am Anfang.

23. Wiener Tänze. Johann Strauss (1804—1849) of Vienna (Wien) was a very famous composer and conductor of dance music.

PAGE 50.

5. Tusch, 'flourish of trumpets,' a compliment to an old soldier.

14. Frau Gemahlin, a piece of extra politeness, addressed as it is to a *bourgeois*.

19. doch, 'after all'; it contradicts not the previous sentence, but only a thought passing through Henning's mind.

28. Was thun Sie hier? Blumenberg's behaviour to Schmock should be noticed for two reasons: (1) it is a foil to Bolz's genial way

with his subordinates, (2) it inspires Schmock with the idea of revenge, and leads up to the *dénouement*. The first part of the speech shows that Blumenberg is no gentleman.

29. Thorschreiber von der Accise, literally 'clerk of the excise at the gate.' In many foreign towns a tax (French *octroi*) is levied on provisions entering at the gates. Our nearest expression is 'exciseman' or 'custom-house officer.'

PAGE 51.

4. habe: for its position, see p. 8, l. 3 note.

all den Leuten. The use of all without termination before the dative plural is distinctly conversational.

12. verzehren, not necessarily insulting; it simply means 'to eat.'

13. auf meinen Namen; notice the accusative.

14. es bezahlen, 'pay for it.'

21. er streicht mir, a grievance repeated by Schmock to Adelheid in the Colonel's hearing, p. 112, l. 19.

25. Verbergt eure Schwerter..., a reminiscence of Harmodius and Aristogiton, who wrapped in myrtle-boughs the swords with which they murdered the tyrant Hipparchus. The murder was celebrated in drinking-songs. The translation of one of the most famous begins:

"I'll wreathe my sword in myrtle-bough
The sword that laid the tyrant low."

28. mir, ethic dative, 'I beg you not to begin a quarrel.'

Tybald, see *Romeo and Juliet*.

PAGE 52.

1. Polonaise, a well-known dance.

2. Weibsen, from das Weibsen, a corruption of Weibes Name, 'the female sex,' where Name is used to denote the body of people bearing the name, as *nomen* in (*socii et*) *Latinum nomen*, 'the Latin nation.' Thence it comes like Frauenzimmer to denote a single person.

6. so sind Sie... Both Kämpe's prophecy and Bolz's come true. See pp. 72 to 74.

20. Waffenträger; 'warrior,' not 'armour-bearer.'

25. edler Römer, because Coriolanus was a Roman.

27. wollte, imperfect subjunctive.

28. honetten, 'nice,' 'decent,' not 'honest.'

PAGE 53.

4. Wir sollten...kämen? 'what! we bear the blame of your joining our party!' The subjunctive (or conditional) kämen is rather difficult to classify. It falls under the general principle that the subjunctive is used for a statement which the speaker does not make his own. In English, where the subjunctive has fallen so much into disuse, we avoid the difficulty by using, as here, the verbal noun 'your joining.' In translation from English such verbal nouns need a good deal of turning.

8. um das, not darum, because das is emphatic.

12. Ihnen kann's..., 'you are sure to succeed.' The impersonal fehlen is most frequently used with an etwas, and not absolutely as here. The irony of the sentence following Sie haben Charakter is obvious.

15. will reiflich erwogen sein, 'requires mature consideration.' One might have expected werden, but the *act* of consideration is hardly thought of. Several similar combinations of a passive participle with sein have become ordinary nouns written in a single word, as Bewußtsein.

16. sollen...geschenkt haben; notice the difference between this combination and hätten schenken sollen.

19. dich...seiner annehmen, 'take charge of him'; the genitive is still used with sich annehmen, and not superseded, as in most cases, by a preposition and its case. The original form was ihn an dich nehmen, but when the verb became annehmen, one of the two accusatives became a genitive.

26. nasse Mäuse; 'wetting,' as a synonym for the first stage of intoxication, is an old metaphor. We have in Horace "uda Lyaeo tempora." Bolz only carries the metaphor a little further.

27. hüsch and schön are often used as adverbs, equivalent to the French *bien*.

28. wirst; notice the indicative; cf. p. 29, l. 16 note.

29. Auf die Art, 'in that way.'

PAGE 54.

1. an dem Fest, 'what do you get by the entertainment?' like gewinnen an, verlieren an.

16. umgeben, inseparable, because it is the *combination*, not the verb that governs an object. The verb is separable in er hat mir einen Mantel umgegeben, where einen Mantel is governed by geben alone. Notice the parallel with *urbi murum circumdare* (umgeben separable), *urbem muro circumdare* (umgeben inseparable).

14. **Endlich allein...** Notice how natural this soliloquy is, and how it contrasts with Bolz's talk in company.

18. **der Knäuel löst sich**, 'the group (literally tangle) is breaking up.' Both **Knauel** and **Knäuel** are in use.

28. **Gefiedel**, the collective noun has a slightly contemptuous sense.

im stillen; notice the small initial letter; **im stillen** is practically an adverb.

PAGE 55.

3. **aushorchen**; our slang word is 'pump.'

4. **viel vertragen**, i.e. **viel Punsch**.

10. **Finten**, 'tricks,' properly a fencing term (our 'feint') derived from the Italian.

22. **Eine Narbe**, the result no doubt of a duel in his student days. Many distinguished Germans are so disfigured.

27. **Ich sehe mich doppelt...** This is an amusing confusion of the Highland second sight,' and of the idea of the coexistence of two personalities in one man, as in *Dr Jekyll and Mr Hyde*. 'Second sight' is the prophetic gift, such as Ellen ascribes to Allan-bane in *The Lady of the Lake*, I. 23, and such as the wizard claims in *Lochiel's Warning*, where he has a vision of Lochiel's fate:

> "'Tis the sunset of life gives me mystical lore,
> And coming events cast their shadows before."

29. **alles, was sie von Freude...**, a noticeable idiom, another form of which is **alles was das Leben Hartes und Eindringendes hat**, 'all the hard, irresistible influences that life brings with it.' Similarly in French "tout ce qu'a de cruel l'injustice et la force." Both languages put in the relative clause what we prefer to keep in the antecedent clause.

PAGE 56.

1. **als wäre ich**, 'as if I were.' It is hardly necessary to point out that in this common idiom **als** does not mean 'as if,' but that there is an ellipsis, **als [ich es fühlen würde] wäre ich...**

5. **es ist**, not **es sei**; it is not really "reported speech."

10. **wie...auch**, 'however,' 'even though.'

verwandelt denotes a complete change, **verändern** only an alteration.

15. **austragen**, 'publish,' 'disseminate,' not quite in the technical sense of publishing a book or paper.

24. **beschwichtigen**, 'lull to rest,' 'calm.' It has nothing to do with **schweigen**.

27. behandelt sein, see p. 53, l. 15 note.

31. den Winter über; both über and durch referring to time are placed after their case, except in idiomatic phrases like über Nacht bleiben.

PAGE 57.

1. zuliebe, now written as a single word, as practically a preposition.

2. ein Bürger dieser Welt, and not of the lower regions.

8. erbötig, 'available,' i.e. der sich erbietet.

20. einem armen Teufel, a play upon words; ein armer Teufel often means 'a poor fellow,' without any stress on Teufel.

26. Unwillen, 'displeasure'; it has lost the meaning of 'unwillingness.'

PAGE 58.

2. während dem Rest; the genitive is more usual with während.

21. hier wird hergesetzt, 'we will sit down here,' literally 'here setting down takes place'; sich setzen, 'to set oneself,' is the German for 'to sit down,' like *s'asseoir* in French.

23. möchte, 'would like.'

24. umkehren, 'go back,' not 'go about.'

PAGE 59.

2. beisammen is to be distinguished from zusammen. The latter gives the idea of union or combination; beisammen retains the force of bei 'side by side.' The standard passage illustrating the difference is from *Egmont*, Act V. Die Menschen sind nicht nur zusammen, wenn sie beisammen sind; auch der Entfernte, der Abgeschiedene lebt uns

7. nächstens, 'very soon,' to be distinguished from am nächsten, 'next,' and zunächst, 'first.'

14. Ich dächte doch, 'I think it does though.' Avoid 'I should think,' which would sound peremptory.

16. Das ist was rechts, 'all very fine!' The next clause 'any one can wish that' shows that it is ironical.

17. das will mehr sagen, 'that's a more serious matter.'

19. Bachstelze, literally 'wagtail'; we should say 'birdie.'

22. Das will ich..., 'depend upon it, that's been my advice too,' literally 'I wish [it to be understood that] that has been my advice too.'

So ich will es gelogen haben, 'I wish [it may come about] that I have spoken falsely' or freely 'I hope it won't come true.'

24. Was diese..., 'how bad the waiting is!' just as in French *que le service est mauvais!*

PAGE 60.

4. was hat er...; notice für separated from was.

11. zusammengebetenen, 'promiscuous.' Some of the compounds of zusammen give the idea of collecting heterogeneous elements, i.e. persons or things not naturally coming together.

17. Freilich sind sie das; no one ventures to contradict Piepenbrink.

28. Gelbschnäbel, probably 'callow birds,' like the French *béjaune* =*bec jaune*, applied to junge unreife Menschen, die vor der Zeit klug sein wollen. Perhaps 'pert whipper-snappers' or 'puppies' is the nearest English. Both Bolz and Kämpe are young men.

aussetzen, 'find to object to,' 'find fault with.'

PAGE 61.

31. schmeckt Ihnen; we say, 'you like.'

PAGE 62.

22. auffallend, 'odd,' 'extraordinary,' used of anything that attracts attention, especially in a bad sense, for example ein auffallender (auffälliger) Anzug, 'a conspicuous costume.' Here it approaches the meaning 'ludicrous.'

23. lassen Sie...; uns being 'make us pay for it,' 'throw the blame on us.' In Lessing we sometimes find a dative and accusative with entgelten lassen, as warum soll ich meiner Gesundheit seine Grobheit entgelten lassen? But the commoner construction is two accusatives.

26. Merken Sie auf, 'look here.' The derivative aufmerksam shows the meaning.

28. zuliebe, see p. 57, l. 1 note.

PAGE 63.

7. Doktor der Philosophie, 'Ph.D.,' is the title given in Germany to graduates in all branches of study other than law, medicine and theology.

9. Freue mich, 'delighted,' the regular phrase for acknowledging an introduction; it is given in full just above, p. 62, l. 31.

12. seine Behaglichkeit...hat, 'feels at his ease.'

18. ein fideler Mann, 'a good fellow'; fidel is a student's word, obviously from Latin.

29. wir schwatzen...eins, 'we will have a little chat.'

31. mit Haltung, 'quietly'; Haltung implies dignity and self-control.

PAGE 64.

1. dürfen, plural, to agree with er wie Kämpe.

8. nur möglich, not 'only possible,' but 'in any way possible.' The mistranslation 'only possible' would involve a double error, (1) an inadequate idea of the meaning of nur, and (2) the English habit of putting 'only' away from the word it qualifies.

14. der Bräutigam, 'engaged to.' See p. 36, l. 16 note.

21. Den Wein, with a stress on den.

28. trink aus, schenk ein, something like our 'no heeltaps.'

mögen..., practically equivalent to an imperative. Freely 'that's my rule.'

30. es zufrieden; we could also say damit zufrieden. The pronoun es is really the old genitive neuter, so that es zufrieden exactly answers to *content de cela*.

PAGE 65.

6. schlagen Sie ein, 'shake hands,' 'your hand upon it.'

17. Er soll leben, a good illustration of sollen for the imperative.

20. Wir lassen ihn leben, freely 'we cry long life to him.'

21. den Garaus, 'the finishing stroke,' from gar 'quite,' aus 'at an end.'

24. Es wird heut noch gut, 'we *shall* have a good time to-day.' The adverb noch belongs to the whole sentence, not to heut. Piepenbrink has previously despaired of a pleasant evening; he now says in effect 'there is still time to have one.'

30. Alles, was wahr ist, 'it cannot be denied,' literally 'whatever is true [is true].'

PAGE 66.

3. Ach so! 'indeed!'

wohl, 'I suppose.'

6. sind; why not werden? The sind in the next line supplies an illustration of p. 38, l. 23 note.

9. doch wohl. Both particles should be noticed.

10. **Gevatter**, strictly 'godfather' (ge being the equivalent of *com* in *compère*), but here probably used in the common sense of 'my friend,' the old English 'gossip,' which strictly means 'akin in God.' But perhaps it is to be taken literally; Piepenbrink was Fritz Kleinmichel's godfather and Kleinmichel may very well have been Bertha's.

14. **ich lobe mir**, 'hurrah for,' stronger than **ich lobe**.

20. **du sollst leben**, 'your good health!' as Er soll leben p. 65, l. 17.

23. **Was...noch**, 'what else?'

PAGE 67.

3. **Man erzählt.** Notice how cleverly Kämpe leads up to his partner's hand.

4. **Es sollen...sein**, 'there are said to be.'

16. **zugehört**, see p. 111, l. 2 note.

20. **so gelegentlich**, 'incidentally'; the word so does not mean 'to such a degree,' but approaches more nearly to the meaning 'somehow' and is better left untranslated. For t in gelegentlich see p. 27, l. 15 note.

PAGE 68.

2. **gerade jetzt**, a sly compliment, 'just as I am in such pleasant company.'

ertrinken, 'to be drowned,' literally 'to drink effectually.' ertränken, 'to drown some one else.'

6. **er müßte...**; the emphasis on er, and the slight pause it requires, account for the absence of inversion.

9. **eingenommen für** means rather more than 'prepossessed in favour of'; on the other hand 'infatuated' would be too strong; perhaps 'smitten with' would do.

24. **hatte die Aufmerksamkeit**, 'was obliging enough.' Here, as in using Unannehmlichkeit above, Bolz avoids speaking too seriously.

30. **Na**, see p. 37, l. 4 note.

PAGE 69.

7. **Gelehrter**, see p. 43, l. 2 note. Perhaps here, as it is opposed to Student, we might translate it 'don.'

10. **Wenn das Mäuse waren.** Notice (1) the difference of idiom; we say 'it was mice,' the Germans 'mice were it,' as in ich bin es compared with 'it is I,' (2) the imperfect *indicative* after wenn, 'if,' because there is no suggestion that the condition was not fulfilled, 'if it was mice (as it might be).'

mußten...aufführen, 'must have been executing,' not 'had to execute.'

18. Gemeinheit, 'vulgar propensity.'

PAGE 70.

29. zum besten haben 'to make fun of'; the audience would smile at this, to Piepenbrink and his friends it conveys no *arrière-pensée*. The phrase probably comes from the old use of das Beste for the prize offered in various sports (Breul, Note to *Piccolomini* l. 86. Pitt Press).

31. unbändig, literally 'violently,' but used for 'very,' much as we say 'awfully jolly,' &c.

PAGE 71.

10. sitzen, see p. 37, l. 18.

11. herausholt; one would have expected the subjunctive, but see p. 38, l. 23 note.

16. übermütig, 'excited,' 'irrepressible'; the rendering 'insolent' would be very inappropriate, the words being Adelheid's.

18. uns is dative; it may be explained either as the ethic dative or as the dative with a verb of taking away.

25. wahrhaftig is considered a strong expression of astonishment.

PAGE 72.

8. aufschlagend, 'thumping the table.'

9. das wäre mir was! literally 'that would be something (strange) in my eyes,' i.e. 'I do call that impudence.'

13. ausgezeichnet, the regular word for 'excellent,' 'capital.'

16. Herrn Bolz, dative.

21. Ich hätte, see p. 10, l. 26 note.

PAGE 73.

1. mit Biederkeit gives the idea of an air of injured innocence, perhaps 'ingenuously.'

7. allenthalben, see p. 27, l. 15 note.

8. sauren Most, an appropriate illustration for a wine-merchant.

12. liegt euch an mir, 'you take an interest in me,' liegt being impersonal. It should be distinguished from es liegt an mir, 'it is my fault.'

23. **Hand in Hand mit dir,** probably a reminiscence of Schiller's *Don Carlos*, where Carlos says to Posa

Arm in Arm mit dir,
So fordr' ich mein Jahrhundert in die Schranken.

Piepenbrink, whose literary knowledge is not extensive, takes it as an invitation to the intimacy implied by using du. Bolz, in his excitement, returns to his joke about the Montagues and Capulets at the beginning of the scene.

ACT III.

PAGE 75.

10. **Affaire,** in its military sense; we also use it of a battle.

12. **Kanonenfieber,** the 'nervousness' felt by a novice going into battle; French dictionaries give as equivalent *fièvre de St.-Vallier*, from the name of a conspirator who was pardoned on the scaffold.

Fähnrich, also spelt Fähndrich, 'ensign,' a grade now replaced by that of second lieutenant. He used to carry the colours (Fahne).

17. wie...auch, 'however,' 'in whatever way.'

PAGE 76.

9. **sehr einzeln,** i.e. at long intervals, not in quick succession.

zu Protokoll gegeben, 'tendered,' literally 'given for registration'; zu **Protokoll nehmen** means 'to register.' It was long before the days of the ballot.

10. **zu Ihren Gunsten,** an old plural of **Gunst,** which has now no proper plural, but borrows **Gunstbezeugungen.**

19. **Du bist am schlimmsten daran,** 'you come off worst,' **daran** being used vaguely, and not meaning 'in this case.' There are several similar phrases: **er ist gut (übel) daran,** 'he is in a good (bad) way'; **er ist bei mir wohl daran,** 'he is in my good graces.' Cf. *Faust*,

Die armen Weiber sind doch übel dran;
Ein Hagestolz ist schwerlich zu bekehren.

21. **Herr von der Feder,** 'knight of the pen.'

26. **des Jungen,** 'the boy's,' from **der Junge,** which is a true noun and not merely an adjective used as such, i.e. one says in this sense **ein Junge** and not ein Junger, which means 'a young one,' referring back to some masculine noun. Notice ein **Jünger,** 'a disciple.'

PAGE 77.

1. Wenn nur..., 'If only everything were over!' Beware of treating solche Aufregung ist ansteckend as the apodosis to this clause. The real apodosis is unexpressed, as in similar sentences in English.

7. dafür, 'instead of it.'

10. Ob er..., 'will he deliver them, I wonder.' Notice the dependent question, with the words on which it depends to be supplied.

in der oder in der, 'in this or in that.'

Kammer, i.e. either a speech in the House, or a curtain-lecture.

11. jeder andere..., 'any other,' just as in jedem Falle above means 'in any case.'

15. da ist dem Lande.... Notice the impersonal construction. Helfen governs a dative, and therefore we cannot say das Land ist nicht zu helfen, as we can say das Land ist zu besuchen, 'to be visited.'

18. du bist dir selbst..., freely 'charity begins at home.' In connexion with this expression it should be noticed that der Nächste not der Nachbar is the German for 'neighbour' in the sense of fellow man, e.g. in passages like "thou shalt love thy neighbour as thyself."

19. gehst vor, 'go first,' 'take precedence,' 'must be considered first.'

22. Wahlkommissär, our 'returning officer.'

27. Zu Befehl, the usual answer of an orderly or soldier-servant to his officer.

PAGE 78.

2. wo es Ernst gilt, freely 'in serious matters.' Es gilt stands for die Wette or das Spiel gilt, so that es gilt Ernst really means 'we are playing for a serious stake.'

einmal nicht may be rendered by an emphatic 'not'; it must not be confused with nicht einmal, 'not even,' 'not so much as.' The stress is on mal not on ein, see p. 46, l. 4 note.

Recht behalten, 'gain the day.' Strictly it should mean 'maintain the justice of your cause,' but it is used in a wider sense.

5. treffend, 'to the point.'

10. von vortrefflichem Herzen can hardly be translated literally. Perhaps we might say 'whose heart is in the right place.'

12. wenn man...absieht, freely 'apart from.'

13. verlebt, one of the words in which ver has not a bad sense. It can also mean 'exhausted.'

15. zu erzählen. One thinks of the way in which Othello won the love of Desdemona, though Oldendorf's stories were probably not of personal adventures.

21. wohlthuende, 'pleasant.' The verb wohlthun has two meanings, 'to do good actions' and 'to do good' in the sense of pleasing, as das thut einem wohl, 'that does you good,' 'that makes you happy.' Hence the participle means 'pleasing' as well as 'beneficent.'

28. in militärischer Fassung, 'at attention.'

PAGE 79.

6. war unser, 'was ours' in the sense of 'would have been ours.'

8. Alles, 'every one.'

10. auf dem Vorsaal, see p. 21, l. 13 note.

22. pfiffigen, 'smart.'

24. Spießgesellen, originally 'comrades' (with the spear), but now used mostly in a bad sense 'accomplices.'

Mehr, cf. Sch. *Tell* II. 2,

Es ist ein Mehr von Zwanzig gegen Zwölf.

Notice the slightly different meaning of Majorität on p. 81, l. 15.

31. ein Haufen, exactly what was ascribed to Senden's own party, p. 73, l. 10.

PAGE 80.

5. Rücksicht, see p. 11, l. 19 note.

8. angreifen, 'affect,' 'upset.' The participle angegriffen is often used of a person who has received a slight shock to the nerves or is overtired.

15. Der schlechte Geist..., 'the malignant spirit and insolence,' a common form of compliment in political controversy. From what we hear of the Coriolanus, insolence was probably more in its line; Bolz and Oldendorf were too clever to be insolent.

20. sie haben...getrieben, literally 'they have kept up their goings-on longest (i.e. to their extreme length),' and so it comes to mean, 'they have reached the end of their tether,' 'their goings-on will soon be put a stop to.'

23. sogenannte. Senden, as might be expected of a rather insolent person, will not even allow his opponents the name of 'a party.' One is reminded of the bull sometimes made by *laudatores temporis acti* when they talk of 'this so-called nineteenth century.'

29. Aktienzeichnung, 'subscription of shares'; zeichnen as well as unterzeichnen (p. 81, l. 6) means 'to sign' one's name or a document.

PAGE 81.

6. mit, 'as well,' 'join in subscribing.'

7. Ihr Beispiel, the absence of inversion is accounted for by a slight pause at wollten; the first clause is rather a wish than a condition; cf. p. 43, l. 9.

PAGE 82.

2. raten, 'guess.'

5. benutzen, 'take advantage of,' like the French *exploiter*.

so lange, often inserted before bis; it can hardly be rendered in English.

7. läßt...vorüber, supply gehen. It is very common to combine a verb of mood with a prefix where an infinitive could easily be supplied.

14. müßte, 'would have to.'

18. zu sprechen, the regular phrase for 'at home,' 'to be seen'; a doctor has his Sprechstunde or time for consultation at his house. The usually intransitive verb sprechen takes an accusative in this sense (ihn sprechen, l. 24), so that the phrase zu sprechen, 'to be consulted,' is grammatically correct.

PAGE 83.

5. von dir, addressed to Ida.

7. Still, 'not a word.'

16. unedel, 'ungenerous,' not 'ignoble.'

26. kennen...wissen; a good example of the difference of the two verbs.

27. Übereilungen, 'hasty actions.' As a general rule Übereilung means 'haste,' and has no plural.

PAGE 84.

4. wie ich annehme, 'such as I assume it to be.'

11. für immer might also be auf immer; für lange has just been used, and therefore für immer is preferred.

16. am wenigsten, 'least of all,' not 'at least,' which is wenigstens.

21. schlage...an, 'estimate.' The meaning came from the idea of putting up a catalogue or placard on (an) a wall, &c.

27. vieles Gute, 'many good things,' to be distinguished from viel Gutes, 'much that is good,' just as vieles, 'many things,' is distinguished from viel, 'much.'

30. peinlich, 'painful,' 'trying.'

unerquicklich, 'unrefreshing,' 'dreary,' 'cheerless.' It is just possible that it may mean here, as 'unedifying' sometimes does, 'mischievous,' like the French *fâcheux*.

31. durchaus nicht, 'not at all,' literally 'thoroughly not.'

nicht...eine dankbare Thätigkeit, a rather elaborate way of saying 'unsatisfactory work.' We have no exact equivalent for Thätigkeit, 'activity' being hardly used in this sense. Nor do we use 'grateful' quite in this sense except in poetry and in a phrase like 'grateful, comforting.' It is worth noticing that this temperate view of party struggles dates from a time when Freytag was in the thick of the fight, and testifies to the balance of his character.

PAGE 85.

3. es ist...dieser Kampf, 'this struggle is.' The later history of Germany shows how justly Freytag appreciated the situation.

trotz alledem. Trotz, 'in spite of,' takes a genitive of a noun, but the dative pronoun dem. Originally it always took a dative, and it still does so in the sense of 'so as to be match for,' er läuft trotz einem Schnellläufer, 'as fast as.'

8. stattlich...zu machen, 'to ennoble,' 'to make great.' After the failures of '48 and '49, patriotic Germans felt strongly the comparative insignificance of their country in Europe, an insignificance which we, who live after the Austro-Prussian and Franco-German wars, can scarcely realize.

23. dazu ist er... At that time the 'unpractical' character of the Germans was a common subject of reproach. See note p. 28, l. 23. "Mais nous avons changé tout cela."

PAGE 86.

2. Ich fühle... is of course said before Bolz enters.

8. ohne Ihre Gegenwart, 'but for your presence'; *sans* in French often has the same meaning.

9. mutwillige is not easy to translate. Mutwille has come to mean much the same as our slang phrase 'pure cussedness,' and is applied, for example, to a wilful child. Perhaps we might render eine mutwillige Scene, 'a bit of pure wilfulness,' 'a wild freak.'

11. ärger mitgespielt, 'treated worse.' The verb mitnehmen is used in a somewhat similar way with arg, hart, grausam, &c.

16. auffallendes. See p. 62, l. 22, note.

17. so gut deuten, 'put such a charitable interpretation on.'

noch eine, 'another.'

19. zu einer neuen, i.e. a duel.

20. Immer dieser Senden! Bolz believes that Adelheid is encouraging Senden's addresses, and that she is afraid of a duel for Senden's sake, not for his own.

25. Niederlage, 'disaster,' rather than the commoner meaning 'defeat.'

PAGE 87.

4. durchzusetzen, 'to carry'; a good example of durch as a separable prefix. The words retain their full sense, setzen, 'to put,' durch, 'through to the other side.'

14. bedeutend, 'impressively,' 'weightily.'

17. flüchtig, 'superficial.'

24. durchkosten, 'taste,' as a wine-taster or tea-taster does, different from auskosten p. 96, l. 18.

25. schon, best rendered by a stress on 'must.' Really it means 'already,' 'for this reason,' 'without going on to ask for further reasons.'

uns etwas zu Gute halten, 'excuse us something.' Thus man muß der Armut manches zu Gute halten, 'a great deal of allowance must be made for poverty,' in French *il faut faire la part de la pauvreté*.

PAGE 88.

2. die Bienen. In a somewhat different sense Horace compares himself to *apis Matina*, Od. IV. 2. 27.

6. Käuze, properly 'owls,' but applied to any odd creature. The words are a quotation from the garden scene in Faust. Gretchen tells Faust she does not like the looks of Mephistopheles, and Faust replies "'such queer creatures must exist."

10. Ich schreibe frisch drauf los, 'I write away merrily.' Notice the three last words; los gives the idea of letting oneself go; frisch means 'briskly,' 'without hesitation'; darauf, which generally would refer to some definite aim mentioned before, has here no definite aim in view, as in the phrase sein Vermögen wird darauf gehen, 'will be lost,' 'will slip away.' See also p. 76, l. 19 note.

13. **zermahlen.** Notice that **mahlen** belongs to the weak conjugation, except in the past participle.

17. **Reſignation.** Adelheid has just used the same word to Oldendorf.

22. **gewiegt; wiegen,** 'to rock,' is weak; **wiegen,** 'to weigh,' is strong.

28. **ein Verſtoßener,** 'an outcast,' 'a castaway,' French *réprouvé* (*de Dieu*).

PAGE 89.

1. **an Anſprüche gewöhnt,** literally 'accustomed to have claims (on the respect of others),' freely perhaps 'accustomed to deference.'

2. **in beſtimmte Kreiſe eingelebt,** literally 'introduced by your mode of life into definite circles,' more freely 'with a well-defined social position.' The contrast is with the insecure position of Bolz, who was more or less of a rolling stone, more or less of a Bohemian.

19. **iſt rauh in das Herz...,** 'a cruel wound has been inflicted....' Notice that **greifen** is an intransitive verb as well as a transitive one, as **an den Hut greifen,** 'to put one's hand to one's hat,' **nach einem Strohholme greifen,** 'to catch at a straw,' **das Feuer greift um ſich,** etc.

PAGE 90.

8. **auf ihre eigene Hand,** 'on her own responsibility,' 'for herself,' the idea of **auf** being that of relying on. So in the phrases **auf meine Gefahr (hin),** 'at my risk,' **auf deine Unkoſten,** 'at your expense,' etc.

16. **lauter;** the indeclinable adjective **lauter,** 'mere,' 'nothing but,' must be distinguished from the declinable **lauter,** 'pure,' and **laut,** 'loud.' Of course the declinable and indeclinable **lauter** are really the same word; we have it in **Lauterbrunnen,** literally 'clear spring.'

20. **Behüte,** literally 'God forbid.' Of course it does not express a wish of Adelheid's, but rather her view of what is passing through Bolz's mind. We might render it 'No, no!' or 'not he.'

26. **tüchtig und trotzig,** perhaps 'without ever asking your leave' is the nearest English, and means that their hate and their affection are strong and undisguised. Literally it is 'thoroughly and defiantly,' adverbs which would scarcely be connected but for the alliteration.

darauf los, see note p. 88, l. 10.

27. **Sie ſind beſſer daran,** see p. 76, l. 19 note.

28. **ich lobe mir,** see p. 66, l. 14 note.

30. **ſoll mir auf das Land.** Supply **kommen** or **gehen,** see p. 82, l. 7; **mir** is the ethic dative, 'I will get Conrad into the country.'

PAGE 91.

2. sich...zu mir zu bemühen, a polite way of saying 'to be good enough to come and see me.' So bemühen Sie sich herein, 'please come in.'

8. ergeben. Ida also is too 'resigned' for Adelheid's taste.

14. Mit geröteten..., 'with rosy cheeks and radiant eyes.' A rosy complexion is appropriate to gods and demigods as well as to children. Thus Venus

"Dixit, et avertens rosea cervice refulsit." *Aen.* I. 402.

Verklärt is properly 'transfigured'; die Verklärung is 'the Transfiguration.'

17. bereitet, we say simply 'caused' or 'given.' We English are very lazy about our verbs; 'make,' 'do,' and 'get' have to do duty where other languages choose their verbs with more reference to the nouns they govern. Hence great care is needed in rendering common English verbs into any foreign language.

PAGE 92.

9. die bewußte Dame, 'the lady we know about,' 'the lady in question,' not of course 'the conscious lady'; conscious is sich bewußt, and is only used in the predicate. The order should be noticed; the words im Vertrauen...sind are not an adverbial phrase and clause belonging to the sentence of which die bewußte Dame is the subject, but stand independently, as much as to say 'I am going to speak confidentially.' Hence there is no inversion.

Hoffen und Harren, one of the favourite alliterations in German.

12. es nicht...dauert, impersonal; es does not refer to anything definite.

23. verweinte, a good example of the meaning of ver, 'spoilt by crying'; we should say 'my eyes are red.'

PAGE 93.

2. neugierig auf; auf with accusative has often the meaning of looking forward to, as ich freue mich auf die Ferien, 'I am looking forward with pleasure to the holidays.' See p. 17, l. 22 note.

7. Abonnentin; German is more particular about genders than English, having a better supply of feminine forms of nouns.

13. in guter Gesellschaft, Bellmaus thinks himself quite a society man.

18. welches zwischen...besteht. We should say simply 'between.' German is more careful than English, though not so careful as Latin and French, to avoid connecting any noun with any other noun by a preposition. The 'ladies in the gallery,' for example, cannot be rendered literally either in Latin or in French.

29. anständig, perhaps 'respectable' is the nearest English. It means the same as der in guter Gesellschaft gelebt hat above.

PAGE 94.

1. wohl, 'think you?'

11. gespannt conveys the same idea as our 'tension' or 'strained relations'; in French *des rapports tendus.*

16. verträglicher, 'amiable,' 'easy to live with,' from the sense of the reflexive verb sich vertragen, 'to agree,' literally to 'bear each other.' For the simple verb vertragen see above p. 93, l. 26.

22. Aus dem Munde; see Ps. viii. 2; Matt. xxi. 16.

25. für Poesie... comes amusingly so soon after Bolz's admission that he had written tender verses.

27. ausfällig, 'insulting,' 'offensive.' The phrase gegen jemanden ausfallen is used of violent invective.

29. aufbrechend; we should say 'rising'; the verb is often used of starting on a journey.

31. der Redaktion, 'of the editorial staff.' The spectator knows that she is about to become the proprietor.

PAGE 95.

5. noch in irgend etwas, 'in anything further.'

15. darüber of course goes with the following daß, 'rejoice in having friends.' There is but little difference between sich freuen with über and with an; über is rather 'at the thought of,' an 'in the enjoyment of.' But sich freuen auf is always 'to look forward to with pleasure,' p. 93, l. 2.

17. das Schöne darstellen. There is a touch of German sentiment in these words which it is hard to reproduce in English; perhaps we might use the familiar words of Keats and say 'create a thing of beauty.'

23. wert, with genitive 'worthy of,' with accusative 'worth' (keinen Heller wert).

27. eine Vorbedeutung, i.e. of what life will be in Bolz's company.

PAGE 96.

1. Gedrückt, 'with a sense of oppression.'

4. Räsonnieren is not generally used in the sense of 'reasoning.' For example läßt uns vernüftig sprechen und nicht räsonnieren. Here it means little more than 'idle talk.' Notice the phrase nicht räsonniert! 'don't argue!' addressed to children, etc.

13. Bande, used almost exclusively in a bad sense, as our 'gang.'

16. mit vollen Backen. We have no metaphor from

"And blew the puff'd cheek of a trumpeter."

Perhaps we should say 'trumpeted to the four winds.' The phrases die Backen voll nehmen, mit vollen Backen in die Trompete stoßen give the idea of bombast.

18. auskosten, 'drink to the dregs,' very different from durchkosten, p. 87, l. 24. For aus see p. 17, l. 30 note. But auskosten is also used in the sense of 'tasting.'

29. Eifersucht. Notice as to the etymology of this word (1) that 'zealous' and 'jealous' are really the same word; Eifer means 'zeal'; (2) that Sucht means 'sickness,' to which it is etymologically akin.

PAGE 97.

6. der Ort. Notice the order; der Ort is thrown to the end of the sentence just as a past participle, or any other word which with the inflected verb forms an integral part of the predicate, would be.

8. Rat und That; the similarity of sound should be noticed. So Gut und Blut, Schutz und Trutz.

11. niederträchtiger, 'abject.' Tracht has in this word its original meaning as a derivative of tragen, 'bearing,' 'direction.' The word, therefore, properly means 'downward-tending,' 'on the down grade.'

15. verlautet, 'transpires,' a word often misused in English. The literal meaning is 'to become audible.'

21. so fein und zugespitzt, 'so subtly barbed,' or freely 'a poisoned shaft.'

PAGE 98.

1. steckt etwas, 'there is something behind.'

Es ist mir unheimlich, 'I have an uncanny feeling,' 'I don't like opening them.'

5. unterschrieben, inseparable in the sense of 'to sign,' separable in the meaning 'to write at the bottom.'

7. ausgezeichnete Poesie. As Baus obviously stands for Bellmaus, we may infer that the Colonel's taste in poetry was no more to be trusted than his idea of the style appropriate to a newspaper article. His approval of the poetry is a delicate suggestion of the accessibility to flattery which has already come out in his character.

10. Herzensgüte, 'goodness of heart.' It must not be coupled closely with Verehrung; the Colonel is only reading a word here and there in the address.

11. soll, 'means'; one unconsciously supplies bedeuten or some such word.

15. als ich selbst, a delicate indication of the beginning of repentance.

25. respektabeln und braven. Piepenbrink does not choose his epithets with much literary skill.

PAGE 99.

3. nichts Verbindliches, literally 'nothing imposing an obligation.' The Colonel has said 'I am much obliged.' Piepenbrink replies, in effect, 'you are under no obligation, it is only your due.' Thus the phrase is equivalent to 'don't mention it,' 'there is no occasion,' or the French *il n'y a pas de quoi.* An educated man would have said dabei.

12. Vormundschaften. The address was dem Vater der Verwaisten. The Colonel had evidently acted as guardian to orphan children.

13. Schützenfest. At that time 'rifle-meetings' were often occasions of patriotic demonstrations, public meetings for political purposes being forbidden.

16. schnurrbärtiges Wesen, 'high and mighty ways,' the moustache (Schnurrbart) being characteristic of an officer. The relation of German officers to civilians has not always been one of perfect courtesy.

19. fährt sich über die Augen, 'passes his hand (or sleeve) across his eyes.' Similar uses of fahren are sich mit dem Kamm durch die Haare fahren, 'to pass a comb through one's hair,' etc. As in French, a reflexive pronoun in the dative is generally preferred to the possessive adjective when parts of the body are spoken of.

PAGE 100.

5. erst, i.e. not until he has worked for them in Parliament.

6...verdienen; es introduces the clause daß...dankt.

7. um uns verdient is often expressed sich um uns verdient gemacht.

29. abgekartet, 'pre-arranged,' 'a plant.' The force of ab is here 'after a model,' as in abrichten, 'to train,' abreden, 'to make an appointment.' The simple verb karten, properly 'to arrange cards for a game,' is found in Sch. *Picc.* 1362:

> Ich denk' es schon zu karten, daß der Fürst
> Sie willig finden soll.

Sie sollen..., 'they shall find out they are mistaken.' See p. 59, l. 22 note for a similar idiom with wollen and a past infinitive.

PAGE 101.

5. Ehrensache. The Colonel's exclamation shows that he thinks a duel is meant.

14. Abendblatt. Instead of special editions, in which the news of the first edition is replaced by fresh matter, German newspapers often publish supplementary sheets in the course of the day.

22. Trübes und .., freely 'by sad and painful experiences of his own.' So das Fürchterliche, was er erfahren..., 'his terrible experiences.' We cannot in English use the neuter adjective as a noun to anything like the same extent as the Germans can.

PAGE 102.

9. als wolle er, 'of wishing.' Notice the construction. If instead of Verdacht we had had some word like Gefahr, zu wollen would have followed. But Verdacht really implies another subject, being equivalent to 'others will suspect.' Hence zu wollen, of which mein Freund would be the subject, would be out of place, and a *clause* must be used. Such a clause might begin with daß, but 'as if' is equally admissible, and more idiomatic. Further the present subjunctive should be noticed. The explanation of the order after als is that the apodosis of a conditional sentence is omitted, and the protasis expressed by an inverted clause (wollte er=wenn er wollte). But in this and similar cases the origin of the idiom is practically forgotten, and wolle, the tense of oblique oration, conveying the thoughts of those who suspect, is used.

11. liegt ihm ferner, not von ihm, as the local idea is somewhat in the background with the combination liegt ferner. On the other hand fern sei von mir dieser Gedanke is common.

12. Mann von Ehre is practically equivalent to an adjective, and has therefore no article. As a general rule the article is used with the complement after sein as in English.

20. **anderes**, 'other articles,' like **vieles**, 'many things.'

24. **deshalb** goes with **weil**, 'for the reason that.'

27. **geschmeichelt**, like the French *un portrait flatté*. In English we must say 'too flattering.' The participle in this sense implies a transitive use of **schmeicheln**, 'to depict in a flattering way,' side by side with its ordinary use with a dative, 'to flatter a person.'

PAGE 103.

1. **an mich halten**, see note p. 4, l. 13.

2. **behält recht**, see note p. 78, l. 2.

18. **Der Poet mag...**, 'let the poet....'

PAGE 104.

1. **In unsrer Mauern Bann**, 'within our walls.' The first meaning of **Bann** is 'proclamation,' whence our 'banns of marriage' and 'under the ban.' It then came to mean the district over which the proclamation held good. Hence we have the French *four banal*, 'parish oven,' *moulin banal*, 'parish mill,' etc.

5. **den Ritter wert**, 'the good knight.' In poetry it is common to put an undeclined adjective after the noun.

16. **Liedertafel**, 'philharmonic society.'

19. **Templer und Jüdin**, an opera by Marschner, based on *Ivanhoe*.

21. **Es ist zum Tollwerden**, 'it is enough to drive one mad.' Notice **Tollwerden**, which has become a single word like **Bewußtsein**.

PAGE 105.

14. **Anteil daran**; notice the preposition **an** appropriate to **Anteil**, as **vor** is used with **Furcht**, **zu** with **Liebe**, etc.

16. **redigiert**, 'edited.' Bolz speaks as a genuine newspaper editor, who looks upon it as his chief duty to put public opinion into shape and give it a voice.

17. **an den Drähten**, 'by the wires,' not **auf den Drähten**; **an** denotes that by which he holds the puppets, as in **am Kleide halten**, etc.

22. **Wäre sie es**; the difference of idiom, corresponding to that between **ich bin es** and 'it is I,' should be noticed. The sentence really runs: **wäre sie** (i.e. **die Meinung**) **nicht es** (i.e. **was ich gesagt habe**).

Page 106.

8. Klugheit. It must be remembered that the original meaning of klug is much the same as that of fein, and that it is still often used of good breeding and social *savoir vivre*, as well as in the more ordinary sense of prudence. So the sentence means 'it is a common act of courtesy on the part of a well-bred man.'

9. das Hausrecht des Gegners, 'the privileges of an opponent's home.'

10. gemütlich, 'goodnaturedly,' with the added idea of making himself quite at home.

14. dem seine Liebe...gab, in English 'whose affection gave him.' So in French *à qui son amour a donné* and not *dont l'amour lui a donné*.

29. vor das Haus; why accusative?

Page 107.

8. Daß dieser Bellmaus..., 'to think that this Bellmaus....' Bellmaus was supposed to look after the miscellaneous news of the paper.

16. Sie sind des Teufels, *vous avez le diable au corps*, freely 'you must be the devil himself,' an unwilling compliment to Bolz's resourcefulness.

28. Dokument, 'voucher,' 'written evidence.'

Page 108.

7. halb bekehrt, 'half converted.'

ACT IV.

SCENE 1.

3. unwirsch, 'cross,' 'out of temper.'

dem Wilhelm. Notice the article; it means 'the William we are familiar with,' 'our servant Wilhelm.'

5. den Eisen or Hufeisen, 'shoes.' French has in the same way *fer à cheval*.

7. Werden der Herr...; der Herr Oberst is treated as if it were Sie, and takes a plural verb.

13. ist, see note p. 3, l. 16.

18. der bewußte, see note p. 92, l. 9.

PAGE 110.

5. mir zerspringen möchte. Notice mir, which we do not translate in English, but which is used in German if possible, when a part of the body is referred to.

10. sich in die Haare fahren, 'tear her hair'; see note p. 99, l. 19.

18. Nach dem, to be carefully distinguished from nachdem in one word; there is a stress on dem.

28. auf deutsch, 'in plain language,' or as we say 'in plain English.'

PAGE 111.

2. Meinetwegen, literally 'as far as I am concerned,' comes to mean 'I have no objection.'

horchen differs a little from zuhören; horchen is to listen with the set purpose of overhearing a conversation, zuhören to pay attention when something accidentally overheard interests one.

15. ich gefunden habe; for Schmock's order of words see note p. 8, l. 3.

26. hat mir doch gesagt, 'did tell me.'

PAGE 112.

2. Semmel mit Lachs. Semmel means a roll of fine wheaten bread, as distinguished from the coarse bread eaten by the poor; Lachs is probably dried salmon.

5. ihn hintergehen lassen, 'let him be taken in.'

14. stecke, used of a person in an unpleasant situation, e.g. ich möchte nicht in seiner Haut stecken, er steckt tief in Schulden, etc.

18. Je nachdem, literally 'according as things go,' or as we say 'that depends.' Quite fully it is je, 'in each case,' nachdem 'according as...'; je is freely used in a distributive sense, er gab ihnen je zwei Mark, 'two marks apiece.'

19. Er streicht zu viel, 'he cuts out too much,' cp. p. 51, l. 21.

27. genial, properly 'with genius'; 'with originality.' It is important to remember that the German genial, genialisch do not answer to the English 'genial.' The English word keeps closer to the meaning of the Latin *genius*, which is associated with the cheerful side of life, not with intellectual force.

PAGE 113.

1. **Brillanten**, properly 'brilliants,' 'diamonds.' There is a story that Freytag purchased the right to this joke for five bottles of champagne.

5. **lauter**, see note p. 90, l. 16.

6. **fünf Pfennige**, about three farthings. The old Pfennig (which was in use at the date of the play) was the twelfth (in some states the tenth) part of a Silbergroschen, which was the thirtieth part of a Thaler (3 shillings); the modern Pfennig is the hundredth part of a mark.

bestehen, the same as auskommen, 'make my living,' 'make ends meet.'

17. **das geht mich an**, 'that's my concern.

Geld, wie Sie sich wünschen, 'the money you want,' literally 'money, in the way in which you want it for yourself.'

25. **einen Schuldschein**, 'an acknowledgement.'

26. **ausstellen einen Wechsel...**, 'draw a bill on myself at long date,' or 'give a promissory note at long date.' A promissory note differs from a Schuldschein, inasmuch as it gives the creditor the right to sue the debtor at law if it is not met at the date assigned. Such a note is called in German ein Solowechsel or ein Eigenwechsel. Of course it is a much weaker security than a bill backed by a third person.

28. **Bleiben Sie mir vom Leibe...**, 'don't let me hear of.' The idea is the same as in our 'to give a wide berth.'

PAGE 114.

10. **mir aufhelfen**, 'get on my legs again.' Notice the phrase dem ist nicht mehr aufzuhelfen, 'he is past recovery.'

11. **Halten Sie das**, 'deal with it'; **halten** is often used in this way, as wir pflegen es so zu halten, 'that's our way'; halten Sie es damit wie Sie wollen, 'do as you please.'

14. **eine andere Freude**, probably his daughter's coming marriage, of the obstacles to which Schmock knows nothing.

15. meine Herrschaften includes both sexes.

18. **Bitte sehr**, the regular phrase for 'pray excuse me,' etc. It stands for **ich bitte**, it is not the imperative.

24. hatte goes both with gehört and with in Besitz.

31. **Das verlohnt sich auch nicht**, 'nor is it worth while' (to put yourself out about them).

PAGE 115.

4. **würdigen**, 'appreciate.'

22. Mag er..., 'let him be,' 'what if he is....' A principal clause with mögen is often equivalent to a dependent clause with *if* or *though*.

PAGE 116.

6. Das halbe Wesen...getaugt, 'this half and half state of things has long been a mistake.' We say 'half measures,' but Wesen means something different. The phrase implies a state of things which was neither quite friendship nor quite dislike. For the use of halb compare the familiar expression das ist weder ganz noch halb, answering to our 'That's neither fish, flesh, nor fowl (nor good red herring).'

11. erst, 'only'; how does it get that meaning here?

18. gut halten, 'treat well.'

24. unter den Händen fortziehen, 'snatch from under the hands of'; unter den Händen means 'under the hands,' but when it is combined with fortziehen the whole phrase means 'to take from under the hands,' just as unter dem Tisch hervorkriechen means 'to crawl from under the table.'

31. rücksichtsloser, 'with less reserve,' not quite 'with less respect.' sonst, 'generally,' properly 'at other times.'

PAGE 117.

1. wohl, 'I suppose.'

6. Ritter; we use 'cavalier' in this sense.

9. nichts, was...unwürdig wäre, 'nothing unworthy.' It is hard to say whether wäre in phrases like this is a true conditional (sein würde) or a subjunctive required by the relative following a negative.

26. annehmen, 'see,' 'receive his visit.'

PAGE 118.

4. wo, closely connected with jetzt.

5. Ich mußte, 'I had to.'

8. Ich gehe einen wichtigen Gang. The cognate accusative is not very common in German, and is limited to stereotyped phrases. The noun in such phrases is accompanied by an adjective or its equivalent.

11. Tausend is either a euphemism for Teufel, or we must supply some word like Wetter. There is a favourite oath Schockschwerenot, where Schock means 'a lot of.' See note p. 18, l. 7.

glänzen der die Augen! 'do not her eyes just shine!' der is, of course, the dative feminine. Notice the inverted form in which the exclamation is put. Compare the first line of *Hermann und Dorothea*

Hab' ich den Markt und die Straßen doch nie so einsam gesehen!

14. fertig werden, 'come to be a match for,' 'get the better of.'

SCENE 2.

23. möchte er, a good example of the way of rendering an imperative in oblique oration. In direct oration it would be ...wenn Sie trinken, trinken Sie; an equivalent for the imperative trinken Sie would be Sie mögen trinken, and it is this equivalent which is put in the oblique form.

25. fidel, 'jolly,' a bit of student's slang, dating from the time when Latin was a spoken language in the Universities.

PAGE 119.

3. zu Ehren; an old plural, see p. 41, l. 22.

10. Eintagsfliegen, 'ephemera,' 'insects of a day.'

PAGE 120.

1. Allotria, 'absurdities,' from the Greek.

PAGE 121.

1. Still, römisches Volk, see Shakespeare's *Coriolanus* III. 3.

8. soll, 'is said.'

20. das Gastmahl der Borgia, a reference to Donizetti's opera *Lucrezia Borgia*, which is based on Victor Hugo's play of the same name. Lucrezia entertains at a banquet some young nobles who have insulted her, and poisons them. In the middle of the banquet a band of monks enter singing *De profundis*, and Lucrezia orders them to lead out the young nobles and confess them.

30. im Stich lassen, 'to leave in the lurch,' properly to leave some one or something steckend, i.e. in difficulties.

31. Rede stehen, 'be called to account.' The original meaning of Rede is 'account,' 'reckoning,' like the Latin *ratio*, to which it is akin. It appears also in the phrases zur Rede setzen, zur Rede stellen.

PAGE 122.

3. kleiner Orsina. Maffio Orsini is one of the young nobles; it is to him that a companion says "*Voilà un rude réveil.*"

8. Mops, 'pug-dog.'

PAGE 123.

17. lauten auf..., literally 'sound in the direction of,' 'provide for'; freely 'according to your agreement, you are entitled to six months' notice.'

25. fortbeziehen, 'continue to draw.'

PAGE 124.

18. uns durch die Welt schlagen, 'fight our way through the world.'

20. die Messen, 'the fairs,' so called because they were held on the festival of the patron saint of the place.

22. keiner von Ihnen, 'neither of you'; German has no special word for 'neither of two.'

25. abgetreten, 'surrendered'; abtreten means originally 'to kick from one' not 'to step away from.'

PAGE 125.

4. Erst hier, 'not until I got here.'

16. beschäftigt gewesen, not worden, because it is not a true passive; the participle beschäftigt is used simply as an adjective.

PAGE 126.

26. mit Beziehung, 'pointedly.'

PAGE 127.

2. beruhigen, 'reassure,' practically not much more than 'inform.'

6. ich wundre mich über nichts mehr, 'I no longer wonder at anything,' not 'nothing more.'

13. Schlechtigkeiten, 'bedevilments.'

25. noch ein Geständnis, 'another confession.' Notice ablegen, not machen. See note p. 91, l. 17.

Auch ich must be taken together; otherwise the sentence would be inverted.

PAGE 128.

2. Irrwisch, the same as Irrlicht. wisch corresponds to our 'wisp' in 'will o' the wisp,' something that whisks about.

INDEX TO THE NOTES.

ab-, **39.** 2, **100.** 29
abonnieren, **8.** 24
abtreten, **124.** 25
accusative with adj., **29.** 5
alles was, **55.** 29
alliteration, **90.** 26, **92.** 9
als wäre ich, **56.** 1
angreifen, **80.** 8
annehmen sich, **53** 19
Anschauung, anschaulich, **28.** 2
anschlagen, **84.** 21
armer Sünder, **47.** 16
auf with acc., **17.** 22, **90.** 8, **93.** 2, **123.** 17
auf, meaning 'at' or 'in,' **30.** 30
auffallen, **62.** 22
auftreten, **4.** 10

Bann, **104.** 1
bei, **43.** 5
beisammen, **59.** 2
Bescheid, **6.** 25
besten, zum, **70.** 29
bewußt, **92.** 9
bitte, **114.** 18
Blöße, **24.** 15
Boden, **20,** 17
Boz, **3.** 18
Braut, **36.** 16
Burnus, **46.** 14

Christ, **31.** 6
Coriolan, **8.** 20

dafür, **13.** 18, **77.** 7
dankbar, **84.** 31
daran (gut, übel), **76.** 19
darauf, **88.** 10
Dichter, Dichtung, **3.** 18
Diener, 'excuse me,' **33.** 10
dieser, 'next few,' **7.** 16
doch, **4.** 19
Don Carlos, **73.** 23
Dornenrose, **15.** 25
Dramatic Irony, **10.** 6, **16.** 8, **46.** 30
dürfen, **44.** 6

Eifersucht, **96.** 19
einmal, **37.** 7, **46.** 4
entgelten lassen, **62.** 23
erst, **31.** 2
es, with adjectives, **64.** 30

Fähnrich, **75.** 12
fahren sich, **99.** 19
Faust, **39.** 18, **76.** 19, **88.** 6
feelings in Eng. and Ger., **6.** 12
fidel, **63.** 18
freuen, sich, construction, **17.** 22, **95** 15

Garaus, **65.** 21
gehören, **7.** 6, **36.** 17
geht mir, **10.** 6
Gelbschnabel, **60.** 28
Gelehrter, **43.** 2
genial, **112.** 27

geschmeichelt, **102**. 27
Gevatter, **66**. 10
gilt, es, **78**. 2
Goldschlei, **18**. 9
greifen, intrans., **89**. 19
Gute, zu, **87**. 15

halbes Wesen, **116**. 6
halten, **114**. 11
halten, an sich, **4**. 13
Hamlet, **32**. 27
Hanswurst, **25**. 22
Heer, with undeclined noun, **15**. 19
Herr, **4**. 26
Herzblatt, **24**. 21
hoffen, **28**. 17
horchen, **111**. 2

imperative turned by mögen, **5**. 20
,, ,, by p. p., **9**. 36
inversion not observed, **43**. 12, **81**. 7

jeder, **6**. 7
Jewish German, **8**. 3
Junge, **76**. 26

Kanonenfieber, **75**. 12

Landwirt, **13**. 6
längsten, am, **80**. 20
lauter, **90**. 16
loben, mir, **66**. 14
loben, nicht, **10**. 10
Lucrezia Borgia, **121**. 20

Mehr, noun, **79**. 24
meinetwegen, **27**. 15
modest assertion, **5**. 18
mögen, for imp., **5**. 20, **118**. 23
mündig, **14**. 12
mutwillig, **86**. 9

na, **37**. 4
nächstens, **59**. 7
Nächster, Nachbar, **77**. 18
neuter adjectives, **101**. 22
Niederlage, **86**. 25
niederträchtig, **97**. 11

noch, **39**. 30, **65**. 24
nor (initial), **43**. 12
nur, **37**. 15, **18**. 6, **64**. 8

ob, repeated question, **17**. 21
ohne, 'but for,' **86**. 8

passive, to render, **4**. 9
past participle absolute, **25**. 17
,, ,, for imperative, **9**. 26

question repeated, **17**. 21

Räsonnieren, **96**. 4
Recht and Gesetz, **14**. 13
Recht behalten, **78**. 2
Rechten, zum, **14**. 14
Rede stehen, **121**. 31
Romeo and Juliet, **28**. 15, **51**. 28

schon, **4**. 7, **15**. 4, **19**. 17, **87**. 25
schonen, **6**. 20
Schützenfest, **99**. 13
second sight, **55**. 27
Seeschlange, **20**. 19
sein, with passive, **53**. 15
so, **67**. 20
sonst, **5**. 1, **116**. 31
spazieren, **22**. 5
sprechen, zu, **82**. 18
stecken, **112**. 14
stichhaltig, **42**. 9
Strauss (musician), **49**. 23

t euphonic, **27**. 15
Tausend! **118**. 11
trotz, **85**. 3

um, **25**. 1, **28**. 26

verändern, verwandeln, **56**. 10
verbs in Eng. and Germ., **37**. 18, **40**. 9, **91**. 17
vergeben, **26**. 24
Verstimmung, **6**. 12
verträglich, **94**. 16
viel, vieles, **10**. 10
vorläufig, **44**. 27

Wahlmänner, **23.** 7
während, **58.** 2
was, 'how,' **8.** 3, **59.** 29
Wäsche, **34.** 16
Wechsel, **113.** 26
Weibsen, **52.** 2
wenig, wenige, **48.** 28
wenigsten, am, **19.** 10
wenn, with imp. ind., **69.** 10
Wetter! **20.** 20
widerwärtig, **42.** 17
wohlthuend, **78.** 21
wollen, with past inf., **59.** 22

ziehen, Zucht, **3.** 10
zieren, sich, **35.** 4
zuhören, **111.** 2

For EU product safety concerns, contact us at Calle de José Abascal, 56–1°,
28003 Madrid, Spain or eugpsr@cambridge.org.

www.ingramcontent.com/pod-product-compliance
Ingram Content Group UK Ltd.
Pitfield, Milton Keynes, MK11 3LW, UK
UKHW020316140625
459647UK00018B/1903
* 9 7 8 1 1 0 7 6 1 9 9 4 4 *